人間社文庫‖日本の古層⑤

神殺し・縄文

水谷勇夫 著

人間★社

文庫版に寄せて

水谷　類

父が神殺しなら、息子も神殺しであった。どうにも物騒な親子である。

本書のあとがきで「かつてヨチヨチ歩きで一緒に取材の旅に連れて歩いた息子類がいまでは文化人類学の方面に進み縄文土器、土偶の章のまとめを手伝ってくれた」と書いていたその息子、すなわち私が、とうとう還暦を過ぎて五年も経つ年齢《よわい》になってしまった。しかも私が進んだのは文化人類学ではなく日本史学と民俗学の道なのであるが、そんなことは父にとってたいしたことではない。寄り道した故に五〇を過ぎてから一〇年あまり大学で講師を勤め、またその合間に博士号（歴史学）も取得したが、そのテーマは「廟墓ラントウと墓前祭祀の研究――中近世移行期の墓制と先祖祭祀――」というアカデミック感満載な代物。縄文とも古代神話とも無縁の分野であった。それにも拘らず論文の一節に「神社は神の墓である」などと記し、また「墓は死霊やセンゾの神社」である、などと書いた。それを拙著（『廟墓ラントウと現世浄土の思想』『墓前祭祀と聖所のトポロジー」いずれも二〇〇九年、雄山閣)の帯に挑発的に掲げたために、一部の識者からは書評で批判されたこともある。そこで私が意図していたのは、日本列島に生きてきた人びとの信仰の歴史のなかで、神社という独特な施設が、実は神の墓と観念された時代のあったことを述べることだったのである。父水谷勇夫の「神殺し」とはまったく別次元に属する言説であったが、今思いおこせば、その一節を自分が記した時、図らずも一瞬苦笑したことを覚えている。蛙の子は蛙。親子揃ってよほど神さまに、恨みがあるのかしらん、と。

ところで「神殺し」という本の表題が最初から決まっていたわけではなかった。縄文人の思想の根源に、神を殺す、地母神を殺すことで大地が万物を生み出すという精神世界があったのではという発想に父が到り着いたのは六〇年代末から七〇年代の初め、私が高校生のころだったように思う。しかし神を殺すというどぎつい表現がどのようにして発芽してきたのか、当時、高校生活と大学受験に勤しんでいた私には分からない。執筆が佳境に入ったころ突然、「神殺しだ、神殺しだ」と対話のなかで父が連発するようになった気がする。ちなみにこの刺激的な言葉は、その二十数年後、宮崎駿が一九九七年に「もののけ姫」を発表した際、登場人物のジコ坊やエボシ御前の台詞として用いられていて、私を驚かせたものである。もちろん父のそれと、宮崎のそれとは内容的にまったく別物ではあったけれども。

殺される大地の女神と殺戮する荒ぶる男神のイメージは、本書を公刊する十数年以前から水谷勇夫が温めてきた神話研究のシェーマを構成していた。本書でも述べられているとおり、そのきっかけは一九六〇年代後半ごろのヒンズー教の曼荼羅との出会いであった。たまたま知人からもたらされたネパールの古い曼荼羅を食い入るように見つめていた際、主神の左右にいかにも象徴的な姿で描かれていた白く艶めかしい山の絵姿に眼が留まったのである。天上の雷雲が蛇のように山肌を取り巻き、やがて川となって流れ下る。彼はその時突然、地母神と蛇神とが性交合体するイメージがひらめいたのであった。本書では、「三輪山だ」と叫んだ、と書いているが（三の章「チベットマンダラと丹塗矢神話との出会い」）、日本の縄文文化とユーラシア大陸中央のヒンズー文化の歴史的・文化的乖離などまったく意に介することなく、彼はこの時、すべてが見えてしまったに違いない。

その頃まだそこかしこに焼け跡の残る名古屋市内の矢田町で、貧乏絵描き芸術家の水谷勇夫は、なけなしのキャンバスを何度も何度も水で洗い流しながら、絵の具を描き重ねて仕上げてきたそれまでの作風からの脱皮を模索していた。ある種のスランプだったのかもしれないが、自身の出口を探し求めて舞台美術や新聞・雑誌の挿絵仕事に新たな活路を見出してもいた。分野の異なる縄文土器・土偶の造形にのめりこんでいったのも、その一環と言うべきであろう。

そうした芸術家としての足跡は一九六五年、岐阜市長良川の河川敷で行われた「岐阜アンデパンダン・アート・フェスティバル」で発表されたテラコッタ作品に端的に表れている。真夏の日差しで焼け付く長良川のごろごろ石の河原に、赤く爛れた大地の瘡蓋のような盛り上がりがベニヤ板で拵えられた。その鞍部に、神々とも怪獣とも見分けのつかない素焼きのオブジェが数十体も串刺しにされ、天に向かって掲げられた。破壊と創造、殺戮と誕生。石積みを手伝いながらおよそ一週間、河原でのテント生活を共にしていた当時中学生の息子は、そこにヒンズー教曼荼羅世界と縄文土偶の女神とが合体した夢幻を見ていたような気がする。

それを契機に父は、晩年まで現代の土偶であるテラコッタ作品を創作し続けた。それと同じ感性と想像力で縄文土器・土偶、そして蛇神神話を謳歌する列島の神話世界に、時を越えて一貫するイメージを、言葉の土紐で盛り重ねる思索の旅を続けたのであった。

父はもちろん在野の素人である。しかし縄文の器面を飾る文様に絵画としての意味を見出したことは、大きな功績と言って良いのではないか。彼はそれを縄文絵画と呼んでいた。土器の器面だけを平面の展開図にして眺めるというやり方は、私も大学時代、考古学部に所属していた関係で多少はその頃の研究状況を知っていたけれども、こうした展開図は、当時まだ見られないものであった。ただ縄目模様に降雨を見、ギザギザ模様に稲光を見るなどという解釈を主張していたのは父だけであった。アカデミックな研究者は歯牙にもかけない見解ではあったけれども、私はそれを信じていたし、今もそれを否定する根拠はないと考えている。素人を馬鹿にしてはいけない。素人だってやる時はやるし、ひらめく時はひらめく。誰だって最初は素人なんだから。

合理主義を極度に嫌う人でもあった父は、本書の最終章「とびはねる論理」で次のように主張している。「神、芸術、文学の思想の源泉の出処はこの内包の意識にはじまる。この意識が外部で発芽し劇化したときを、わたしは〈とびはねる論理〉と名づけている」。彼は人間が本来内包している意識を「異常」と呼び、「特殊状態」と言い直している。言葉としては変だが、その意図するところはこうだ。人間は合理性だけでは生きていけない。異常性を必ず併せ持っている。人間のこの異常性こそが「とびはねる論理」に他ならない。それはもとより論理的ではないが、論理をとび越える論理なのである。そしてそれこそが人間の本来持っている芸術性であり、縄文人はそれを誰もが持っていた。彼がたびたび口にしていた言葉であった。

すべての人間が芸術家であるわけではないが、少なくとも人間が「とびはねる」ためには、そのなかの誰かが芸術家であり続ける必要がある。言いたいことを言い、関係ないものを関係づけるトリックスターが必要なのだ。安定した時代が必要以上に長く続くとやがて人間は窒息してしまう。それを救うためには「とびはねる論理」によって生み出される多様性がなくてはならない。しかしアカデミックな世界から多様性は生まれない。ここに芸術の存在意義がある。本書は、芸術家自身が自己の存在意義を主張するための弁解の書だったのではなかろうか。そして彼はこの書で、芸術の分野だけでなく、学問の分野にも超現実主義を実現させようとしていたのかもしれない。さらに、贔屓目に見ているかもしれないけれど、二十一世紀の最大のテーマである「多様性」ついて予言していたような気もするのである。

本書の執筆当時、私は高校生から大学生への過渡期にあった。専攻は日本史や民俗学。その選択動機は、実は在野で日本文化の研究を志す父に対する対抗心であった。父は自分が商人の息子で、強権的な父親の所為で上級の学校に進めなかったことを逆の発条《ばね》に替えて、学歴などなくても絵は描けるし、研究もできる。むしろアカデミックな研究者でないからこそ本当のことが見える、彼はそう考えていたし、それを実践した。

息子はそんな父に対する反発と、それとは裏腹な憧憬の気持ちを半分ずつ抱いて、敢えてアカデミックな道へと進んだ。長い時間をかけ、迷い道を辿りつつ、息子なりの「神殺し」に行き着いた。そして今では、同じくアカデミズムに漫然と胡坐をかくことを嫌っている。というか、他人と同じ道を歩くこと、同じ景色を見ることを良しとしない。研究姿勢も父と同じくひらめきに頼ることが多い。これでは大成できないに決まっているのだが、アウトローの気ままさに慣れきった息子は、今日も世界を支配し続ける既存の神々を殺し続けるのであった。凝り固まってしまった現代のアカデミズムに向けて、より多様な世界を生み出すために。

・本書は『神殺し・縄文』（伝統と現代社、一九七四年）を底本として使用し、誤字・脱字・誤用と思われる個所を正しました。また、読みやすさを考慮して漢字・かな遣い、句読点等を整理した部分もあります。
・人名・地名・団体名などは掲載時のままとしました。
・本文中不適切と思われる表現がありますが、単行本刊行時の時代背景および著者の意図を尊重し、そのままとしました。
・文庫版刊行にあたって、巻末に「埋葬される司宮神　尾張国府宮」（『季刊どるめん　17号』ＪＩＣＣ出版局、一九七八年）を掲載しました。

神殺し・縄文　目次

「豊橋鬼祭」司天師田楽
愛知県豊橋市安久美神戸神明社

文庫版に寄せて……水谷 類
はじめに……17
一の章　諏訪神の謎……23
二の章　堕天神の劇……35
——鳴神・久米仙人・道場法師のこと——
三の章　チベットマンダラと丹塗矢神話の出遭い……45
四の章　火殺神・その出産の秘密……69
五の章　一本タタラとサクチ神の血脈……81
六の章　さすらいの啞神たち……103
——スサノオとヤマトタケル・アジスキとホムチワケのこと——

七の章　神体考……145
八の章　縄文は語っていた……163
九の章　殺されていた土偶……193
十の章　とびはねる論理……219
あとがき……232
■論稿■
埋葬される司宮神　尾張国府宮……237
解説……小林公明　262

カバー・本文イラスト◉水谷勇夫

神殺し・縄文

はじめに

文字もなく、記録にも残されず、歴史のはるか彼方の約一万年前に始り、約三千年前に、地底深く埋没し、沈黙してしまった原日本・縄文文化。その世界に生きた人々の生活の片言隻句でも聴えたとしたら、また知ることが出来たとしたら、それは日本の文化思想史に大きな一頁を加えることになるのではなかろうか。

その唯一つの手掛り縄文土器・土偶の文様はいまなお不可解な謎に包まれて、杳としてその内なる言葉を明らかにしていない。赤褐色の素焼の甕、深鉢、土瓶、香炉状土器などに施文されたあの変幻自在、怪奇とも言える土紐の渦。鋭い沈刻線が織りなす文様は一体何か。この不思議な原始日本列島に誕生した鮮烈なやきものに心魅かれないものはまずあるまい。容器でありながら容器の機能を無視して整形しているその空洞のなかに、一体どのような始原の思想が潜んでいるのか、覗き見をそそられないものはないであろう。

絡みあい、ひしめきあい、まるで焦熱地獄のような土紐の謎の糸口は何処かと、私はながい年月まさぐり続けて来た。

「何かを語っている。何かを伝えようとしている」そう信じながら夢想と探索を積みあげてきた。しかしその結果は初めに予想だにしなかったものだった。縄文が謎なら、日本神話の世界もまた混沌である。だが何故そこに去来する神々の姿と縄文土器・土偶のそれとを、今まで比較対照する作業を誰もしなかったのだろうか。考えてみれば当然すぎるほど当然のことなのに。

神話自体を所有しているのは『古事記』（以下「記」とも）、『日本書紀』（以下「書紀」「紀」とも）であり、とりもなおさずそれは常に時代時代の権力者の持ち物としての匂いが強く、常民が親しく入りこむような隙間がなかった。すくなくとも私にはそう感じられた。しかしこの壁が瓦解するときが徐々に迫って、私の内部でぽっかり口を開く場面に逢着したのである。

本書の目的は、そのあたかも断ち切れてしまっていたかのように認識されてきた縄文文化と朦朧の神話世界との脈絡を結索して、原日本と現日本との血流を証明することにある。つまり現代失われてしまったと思われるあの素晴らしい縄文の造形映像の思想が、われわれ現代人のなかにかすかながらでも残像しているはずであると考えたいからである。とすれば、それを寄りどころとして、今一度新しい芸術、思想の復活を意図したいと思いつつ綴った。

まず第一に、それには当然〈神〉とは何かという神の実体を問うことを前提としなければならなかった。

われわれ人間は永い間〈神〉という言葉を日常さりげなく使い、信仰してきた。だがその反面〈神〉とは一体何なのか、という不安な疑問も一方では働いていた。眼にも見えず、手に握ることも出来ない神。それはいつ、誰がどんな理由があって創造したのか、または意識し始めたのだろう。いまさら神の存否を問うことを笑う人々もあるであろう。だが始原の思想を明確にするためには、このことを核としなければならないのである。

いつかのときだった。この縄文土器の欠片を手にしながら神との関係を独白のように思索していた。と、突然なにかによって啓示を受けた。原始の神は目にも見え、手にも攫《つか》めるものだったと。それは縄文のこの混迷の土紐も決して故なくして造られたものでなく、確かに存在するもの、しかも人間にとって、生きるか、死ぬか、のものを描きとめているものだと。神もまた然り、と感じとれたのである。現代われわれが概念している〈神〉とはおよそ似ても似つかぬ異相の神であろうということが、おぼろげに判ってきたのである。

読者におねがいしたい。それは本書を読み進めるにしたがって、ちょうど手品の種が知れた味気なさを覚えられるかも知れない。がしかし、私はただ単に謎謎《なぞなぞ》遊びをしているのではない。これだけはどうしても始原に立ち戻って、いま一度人類が出直さなければならないということを言外に語ろうとしているからである。その意味を親切に読んで理解していただきたいと願うことしきりである。

一の章　諏訪神の謎

浅間の獄の頂きに鱗雲がたなびくとき諏訪の明神甲賀三郎が普陀洛の国熊野へ飛ぶという。

（信州、木曽地方口碑）

それはある早春の頃のことだった。信州伊那街道を経て、諏訪盆地へ抜ける杖突街道にある高遠の街を過ぎ守屋山へ登った。

眼下の諏訪湖は白銅鏡《ますかがみ》のように真円を描き冷い水を湛えていた。諏訪の上社と前宮は山麓に鎮座している。そしてここ神奈備型の山頂には三角錐状の磐座があり風化して読みとることの困難な文字が刻まれていた。洩矢《もりや》神を祀る奥社である。踵を百八十度廻らす展望は、甲信、木曽、飛騨の山並みが残雪を衣にして白亜の神殿のように輝いていた。

かねがね一度登頂したいと願っていたこの守屋山は『古事記』に登場する諏訪の王モリヤの蟠居した聖なる山であった。出雲の大神オオナムチノ神の子タテミナカタトメノ命が大和勢力の圧力に敗北しこの地に逃げのびて来た。先住部族の王モリヤは鉄の輪を武器に、タテミナカタは藤の枝（藤は呪術力を持つ木）で相争った。先住と移住の対立、闘争は土着勢力に利あらずして服属したという。『古事記』が物語る古代戦争の歴史の一舞台がここである。

その悲劇の王を守護するかのように中部山岳の万神が円陣をはってとりかこんでいた。素晴らしい景観の感激の一刻に脳裏では神群が点滅していた。

ところでわたしがここを訪れたのには深い理由があった。指呼のうちに望む八ヶ岳山麓に縄文遺跡の大宝庫、井戸尻、尖石遺跡があり、その井戸尻の静かな村役場の一室に考古館がある。木造洋館建ての古びた部屋のなかに採集された土製品・石器類がぎっしりとウインドウケースに陳列されている。その一隅にうっかりしたら見落としてしまうほどの小さな女神土偶がある。握れば軽く掌に隠れてしまう、わずか十センチそこその土偶だが頭頂部に二まわり蛇がとぐろを巻いていたのである。かつてそれを見たときの不思議な残像がこびりついてならなかったからである。そのことと、諏訪湖・諏訪神に縁起する歌舞伎十八番「本朝二十四孝の内八重垣姫」の物語、『神道集』「諏訪縁起の事」の甲賀三郎の物語とが、何か深く関わりあっていることが判ってきていたからである。

　縄文中期約五千年程前の小っぽけな欠損女神土偶と、十六世紀中頃の戦国時代の歴史に登場する一女性との組合せはいかにも重なりそうにないし、『神道集』とは、熊野比丘尼とかあるいは勧進聖・説経聖・絵解法師などといった回国遊行の唱門人たちが、宗教芸能を使い語り歩いた、いわばあぶれものの芸能文学であって、氏素性からいえば、ふきだまりの賎民文化を出自としているのである。一般的に言えば信用のおけない徒党。だが私は逆に、だからこそ信頼度があると考えていた。芸術、文学のそして神の思想の正当な伝承者・運搬者は、歴史の陽陰のなかに名も現れず力もなく、消えていったこれらの人々であったことを強調しておこう。そのことを確めるためにこの守屋山頂を訪れたのである。

　ところでその八重垣姫と甲賀三郎の物語を、ここでかいつまんで記そうと思う。

　八重垣姫は演劇の中では、米沢の領主長尾（上杉）謙信の娘、謙信の宿敵武田信玄の子勝頼とは皮肉にも相思の中であり許婚の間柄だった。事件は言うまでもなく領地争いと諏訪明神の神体〈法性《ほっしょう》の兜《かぶと》〉の争奪をめぐり、八重垣姫は父か夫か二者択一に直面する。意を決した姫は、父謙信が差し向けた追手の白刃から夫勝頼を守ろうと氷湖の上を駆ける。

八重垣「いやいや泣いておられぬところ、追手の者より先えまわり、勝頼さまにこ

のことをお知らせ申すが近道の、諏訪の湖船人に、渡りたのまん急がん」と、小褄取る手も甲斐々々しく駈け出せしが、

八重垣「いやいやいま湖水に氷張り詰め、船の往来も叶はぬよし、かち路を行きては女の足、何と追手に追いつかりょう、しらすにも報されず、みす〳〵夫を見殺しにするは如何なる身の因果、あゝ翼が欲しい羽根ほしい、飛んでゆきたい、しらせたい、逢いたい見たい抱かれたい」

夫恋いの千々に乱るる憂きおもい、千年百年泣きあかし涙に命絶えればとて、夫のためにはよもなるまじ、この上たのむは神仏と、床にまつりし法性の兜の前に手をつかえ、

八重垣「この御兜は諏訪明神より武田家へ授け給はる御宝なれば、とりも直さず諏訪の御神、勝頼さまの今の御難儀助け給え、救い給え」

と、兜を取って押し戴きしおもかげの、もしやは人のとがめんと、窺い降りて飛び退きしが、

八重垣「今のはたしかに狐のすがた、この泉水に映りしは、はて面妖な」

と、どきつく胸を撫でおろし撫でおろしおそるおそるにさし覗く、池水に映ゆるは己が影ばかり、とつおいつ、兜をそっと手に捧げ覗けばまたも白狐のかたち、水にあ

りあり有明月の不思議に胸もにごりえの、池のみぎはにすっくと詠《なが》め入って立ったりしが

八重垣「まことや当国諏訪明神は、狐を以てつかわしめると聞きつるが、明神の神体にひとしき御兜なれば、八百八狐附添うて守護する奇瑞に疑いなし。おおそれよ思い出したり、湖に氷張り詰めれば、渡り初めする神の狐、その足跡を標《しるし》に易《やす》う往きかう人と馬、狐渡らぬその先に渡れば水に溺るるとは人も知ったる諏訪の湖、たとえ狐が渡らずとも、夫を思う念力に、神の力の加はる兜、勝頼さまに返せとある諏訪明神の御おしえ、はああかたじけなや、ありがたや」

と兜を取って額《ぬか》にかづけば、たちまちにして居並ぶ連山の頂に、無数に燃えたつ狐火が、湖面を駈ける八重垣を白昼夢魔のように照らしだす。その足音の響とともに白銀盤の湖が、大轟音をとどろかせ上の社から下の社へ真二つに割れた。

恋に狂い物の気に憑かれた八重垣姫が髪振りみだし華麗な衣装を翻《ひる》がえす廻り舞台の円形、かたずを呑み女の執念と情念に涙する暗がりのなかの観衆の影法師とが寒気にふるえるそのなかでよぎったのである。

来る年毎の厳冬にこの諏訪の湖は現実に、一大轟音をとどろかせ真二つに裂ける。〈神

八重垣姫と甲賀三郎

渡り〉と称するのがそれであり、上の社の男神が、下の社の女神のところへ御渡りがあると信じられ、狐が渡らぬ前に人馬が通ると湖底に沈むと語られている。そうした古伝承がいつの頃からか諏訪神の劇として、中、近世に八重垣姫にしたてられて語り演じられるようになったのであろう。その雄大な演劇の実舞台の真上の、それはギリシャ劇の円型天井桟敷のそれよりも巨大な日本の神劇を、わたしは俯瞰したかったのである。

諏訪の神の正体を頭に戴く女の謎は、朦朧とした模索の条道を辿って諏訪明神の神体の謎へ向う。

『神道集』によれば諏訪の明神は蛇神甲賀三郎諏方《よりかた》とされている。事実、諏訪神社前宮の神御左口《ミサグチ》は年毎に生贄を里人に強要する蛇とすれば、八重垣姫が頭に冠った法性の兜は蛇だったのではないか（現存する神宝法性の兜は蛇体とは似ても似つかぬもので、いささか拍子抜けをしたが）。

冒頭の甲賀三郎の口碑は奇想天外、雄大な語りかけをしてくる。雲に乗って縦横無尽に天翔る姿が見える。時々鱗雲が全天に拡がる景色を見かけると、わたしは空想の世界にひたって甲賀三郎の勇姿をそのなかに見る。

大空に鱗雲が南から北へ、西から東へたなびく季節、それは恐しい嵐のやってくる、主として夏から秋へかけてのことである。

前宮の御左口の神のいま一つの名は伊勢津彦だとも言われている。彼もまた出雲のタテミナカタトメノ命とおなじく、大和勢力に押圧された伊勢の先住王であった。「記」「紀」には載らずわずか「風土記」逸文の伊勢国の条に名を留めているが、カムヤマトイワレビコの神武天皇東征の折その将軍アメノヒワケの襲撃に遇い敗走する。

「吾は今夜《こよい》を以ちて、八風を起して海水《うしお》を吹き、波浪に乗りて東《ひむがし》に入らむ。此は則ち吾が却《さ》る由なり」とまおしき。天日別命、兵を整へて窺うに、夜中に及《いた》る比《ころ》、大風四もに起りて波瀾《なみ》を扇擧《うちあ》げ、光耀《てりかがや》きて日《ひる》の如く、陸《くが》も海も共に朗《あき》らかに遂に波に乗りて東にゆきき。古語に神風の伊勢の国、常世の浪寄する国と云へるは蓋《けだ》しくは此れこれを謂うなり（伊勢津彦の神は近く信濃の固に住ましむ）。

と、あって甲賀三郎が蛇性であるのに対しイセツヒコは雷性である。だが天翔けるその姿はまったくおなじであることが判る。つまり台風の猛威と古代戦争の一こまを結びあわせた伝説と言えよう。事実、熊野・伊勢へ上陸した台風は決って鈴鹿養老山脈の八風《はっぷう》街道を抜けるか、知多、渥美島をかすめ三・信・遠の設楽の山地、別所街道、伊那街道の山路を貫通するのが常である。原始、古代から現代までこればかりは変らないようである。そ

守屋山々頂の磐座・御柱立神事・諏訪上社本殿と
神体を運んで来た葦船　　　長野県上諏訪

れを称してわたしは神風台風と名付けている。

そのイセツヒコ亦の名甲賀三郎は『神道集』のなかで、兄の謀略にあい恋人春日姫と別離して浅間山の人穴（噴火口か風穴か）に落ち、幾千里の間唐の国々を大蛇に変身してさまよう。故あってまたもとの日本国に帰って来たときは小蛇になって、ゆかりのある堂祠に出現し、もとの姿に立ちかえり愛しい姫とも結ばれるめでたしめでたしの物語である。

甲賀三郎が諏訪明神に結びつけられたのはその名諏方《よりかた》によるものであろうが、もともと諏訪神社は諏訪一円の大地主神として出雲の神、伊勢の神にも匹敵する神王国であった痕跡が強い。それが中世、神人、説経師や遊行僧などが民間流布の話をまとめ、縁起譚として諏訪神信仰圏各地に持ち運ばれたのであろう。

それにしても蛇体人身という奇妙な神の放浪物語の発想は、どんな理由から生れたのだろうか。

姿形は人身にして本性は蛇、そのような妖怪変化は他にもある。

二の章　堕天神の劇

鳴神・久米仙人・道場法師のこと

歌舞伎十八番「鳴神」がそうである。「鳴神」は一説に天竺《てんじく》破羅那《はらな》国の導師。額に一本の角を持った一角仙人がその出自とも言われ、「能」にもある。

その舞台。造り物、舞台一面嶮岨な岩山。正面に高さ五尺、なだれ七尺ばかりのかき上げ土手。山三方。上に四本柱を立て、美麗な庵、四方に注連、後に山御簾《やまみす》。橋懸り嶮岨な岩組に大滝あり。滝元に大竹二本立ち太縄の注連。岩壺よりどうどうと水を吹き上げている。

舞台中央にて白雲坊黒雲坊の二人が鳴神上人のこの度の行法、三千世界の竜神を封じ込めて雨一滴も降らせない噂話をしている。

そのとき雲の絶間姫、着流し、緋の扱帯。片肌ぬぎして肩に薄衣を掛け衿に鉦を懸けて撞木を持ち、花道より出て滝壺の前に立つ。

女性の念仏の声にいぶかる鳴神、白雲黒雲の両人を遣し連れて来る。飛禽すらも通い難

雲の絶間姫と鳴神上人

い山路へわけいった理由を問い糺《ただ》す。夫に先きだたれ四十九日の今日、形身の衣を滝津瀬で洗い菩提を弔わんためと打明ける雲の絶間姫。そして夫とのそもそもの馴染めの下りを語るに至って、鳴神上人の淫欲は燃えたつ。

絶間「いこうにいろいろあって、とうとうその殿御の庵へ辿り着いたわいなあ。その家居のつきづきしさ。枝折戸を押あけて、ずいと内へ這入ったと思わしゃんせ。そうすると彼の殿御が、やれおじゃったかというて、わしが手をすぐに取って、床の内へ入ったわいなあ」

語る雲の絶間姫の白く美しくまろやかな小鼻がびくびく動き鉛白粉を塗った白貌《はくぼう》は、夕陽に赤らむ雪山の如くに上気して黒い瞳は妖しくうるみ、紅絹《もみ》の湯文字が紅い唇のように開き、そのなかからなめらかに透き通った太肉が見えるつややかさ。白雲坊黒雲坊の両人腰をもじもじ、そわそわ前を押えてたまらぬという。

絶間「さすれば、何かの積る物語、香をきくやら酒を呑むやら、組んず転んず転んず組んづ、何のこともなう抱きついたわいなあ」

ええいこりゃあたまらぬ、と坊主同士抱きつき、思いいれいろいろあって

絶間「さあさ、ずんとずんとおかしゃんせ、おくまいがなんとする。いやいや、死ぬわいなぁ死んで花実が咲くものか、抓るぞえ、叩くぞえ叩いて見や、叩かいでか、さあさあどうなとしやしゃんせ、もう去ぬるの去なぬのと、戯れがあまってつい世迷いごとの口説になったわいなぁ」

このとき檀上にいた鳴神上人身を乗り出し過ぎて階段を、がらがらどしんと滑り落ち、哀れその場に気を失う。骨の髄までたぶらかされ色香に迷った鳴神上人は一角仙の故事もいまや忘れて雲の絶間姫と夫婦の盃を交さんとするのである。そのとき鳴神が手にする盃のなかに蛇が映るのをみて絶間は驚く。鳴神は滝に張りめぐらした注連縄が映ったのだという。酒毒に溺れ色香に迷う鳴神は語るまいぞと言いながら行法の一部始終を語り酔いつぶれる。してやったりと絶間姫は頃を見すまし、ついに瀑布の注連縄を懐剣で切って落す。一天にわかに掻き曇り、どうどうの滝壺より竜神眷属おどり出て水泡蹴散らし昇天してゆく、大雷、稲妻の閃光、鳴動、強雨に舞台一面水浸し、雲の絶間姫花道から去る。

鳴神「ええい計られたか、やあ無念、あの虫も殺さぬ顔《かんばせ》の小娘ごときにこの鳴神が、密法の行を破られしとは、かくなる上は生きながら鳴る雷となりかの友をば追っかけん。天は三十三天、地は金輪際奈落の底へ鳴る雷の上人の思い知らしてくれようぞ」

と忿怒の形相物凄く髪ふり乱し、庵の柱に竜蛇の如く足を巻き手を巻く。衣をまくればこれまた紅蓮の炎がそのうちよりたち昇るのである。

鳴神と同様天から堕ちて来る者は、『今昔物語集』に出てくる久米仙人がある。

空ニ昇テ飛テ渡ル間、吉野河ノ辺ニ、若キ女、衣ヲ洗ヒテ立テリ。衣ヲ洗フトテ、女ノ肺《ふくら》脛《はぎ》マデ衣ヲ掻キ上タルニ、肺脛ノ白カリケルヲ見テ、久米、心穢レテ其女ノ前ニ落チヌ。其後、其女ヲ妻トシテ有

（『今昔物語集』巻十一）

この久米の仙人は都造営の時法力を以って材木を運んだといい、超人的な力を持ってい

たということは次の道場法師にも相通じる。

雷の憙《ムガシビ》を得て生ま令《し》めし子の強き力在る縁

昔敏達《びたつ》天皇の御世、尾張の国阿育知《あゆち》の郡片蕝《かたわ》の里に一の農夫有り。田を作り水を引く時に、小細雨降るが故に、木の本に隠れ、金の杖を揆《つ》きて立つ。時に雷鳴る。即ち恐れ驚き金の杖を擎《ささ》げて立つ。即ち雷彼《そ》の人の前に堕ちて、小子《ちいさこ》と成りて随ひ伏す。其の人、金の杖を持ちて撞《つ》か将《む》とする時に、雷の言はく、『我を害《そこな》ふこと莫《な》かれ。我汝の恩に報いむ』といふ。其の人問いて言はく『汝何をか報いむ』といふ。雷答へて言はく『汝に寄せる子を胎《はら》ま令《し》めて報いむ。故、我が為に楠の船（「記紀」にもトリノイワクスブネが雷神を乗せて、タカマガハラから下りてくる話があり、伊勢伊雑の宮のお田植神事に立てられる笹竹の上に舟が描かれていることも注目に価する）を作り水を入れ、竹の葉を泛べて賜え』といふ。即ち雷の言ひしが如く作り備えて与へつ。時に雷言はく『近依ること莫かれ』と遠く避《さ》ら令《し》む。即ち愛《くも》り霧《きら》ひて天に登る。然して後に産まれし児の頭に蛇を纒ふこと二遍《めぐり》、首尾後に垂れて生まる。――（中略）――然して後に少子元興寺《がんこうじ》の童子《わらわ》と作《な》る。――（中略）――後、名を道場法師と号く

（『日本霊異記』上巻第三、道場法師遺称地は名古屋市尾頭）

道場法師誕生地　　名古屋市尾頭町

一説に道場法師はタイタンボウ、ダイダラボッチともいわれている。

井戸尻のウインドウケースに蛇を冠りにした縄文土偶、蛇神甲賀三郎を額にかづく八重垣姫、美女の色香に神通力をうしない蛇・雷の本性をむき出し荒狂う鳴神上人、そしておなじく天界から堕ちた久米の仙人、頭の上に蛇を二重巻く雷の申し子道場法師。このような類似が単なる偶然の符合でないことは、恐らく誰しも気づくことに違いなかろうと思うのだが、果してそこに秘められている謎の帳《とば》りのむこうに何があるというのだろうか。

三の章　チベットマンダラと丹塗矢神話の出遇い

平野と山地の境には、決まって一つぐらい特に目につく山がある。もちろん平野の方から見ての話であるが、高い山とは限らない。

他の山と見比べると確かに低いのだが、特長となるのはその形状である。いわゆる神奈備型の山といわれるそれらの山で代表的とされるものは奈良の三輪山などであるが、富士山、浅間山など平野から一目で見ることのできるこれらの高山もその例に入れてよい。先程もいった通り高いだけではいけない。一番の要素は形、とんがり峰でゆるやかな曲線がその山肌を示している、そんな形をしていなければならないのである。この様な山は全国各地にさも当然のごとく見られるのだが、神奈備型が顕著なものには決まって「山の背くらべ」伝説が付随していると言える。私が直接耳にした例では、尾張富士という神奈備型と、そのすぐ隣り合わせにある本宮山との背比べ伝説である。それは特に尾張富士の浅間神社で行なわれる「石上げ祭」の説明として伝えられている。「昔、本宮山の神と、尾張富士のコノハナサクヤヒメノ神とが背比べをして尾張富士が負かされてしまった。口惜しがったコノハナサクヤヒメノ神がふもとの村人の夢枕に立って、山の頂上に石を上げて高くしてくれと言ったことから石上げ祭が始まった」と、こんな具合である。この様な伝説は類例をあげればきりがないが、富士と八ヶ岳のものがよく知られている一つである。またこの伝説に天狗やアマノジャク、山姥が登場してくることがあり、豊橋の石巻山と本宮山の話などは実に楽しい。この二つの山はちゃんと背比べの話を別にもっているのだけれども、「山うばが本宮山と石巻山のそれぞれ頂上に片足づつかけ、おしっこをしたら、それが豊川になった」という面白い昔話である。人によっては山うばでなく、ダイダラボッチの話としていた。

山と人間の生活、それは遠い原始から深い因縁を保っていた。狩猟採集生活の場として、または交易を目的とする陸路の示標として、時には海路の道標として。しかしこの神奈備型の山に関しては特別のようである。単に目印の効果だけでは信仰の対象となる理由が乏しすぎる。又、高い所に神は降りてくるから、というわけでもないらしい。高いとは限らないことは前述したつもりだ。それではどんな理由が考えられるのだろうか。

茨城の里。此より北に高き丘あり。名を晡時臥《くれふし》の山という。古老のいひけらく、兄と妹《おと》と二人ありき。兄の名は努賀毗古《ぬかびこ》、妹の名は努賀毗咩《ぬかひめ》という。時に、妹、室《むろ》にありしに、人あり。姓名《な》を知らず、常に就《き》て求婚《よば》ひ、夜来りて昼去りぬ。遂に夫婦と成りて、一夕に懐妊《はら》めり。産《こう》むべき月に至《な》りて、終に小さき蛇《へみ》を生めり。明くれば言《こと》はぬが若《ごと》く、闇《く》るれば母と語る。是に、母と伯《えおじ》と、驚き奇《あや》しみ、心に神の子ならむと挟《おも》ひ、即ち、浄き杯《つき》に盛りて、壇《うてな》を設《もう》けて安置《お》けり。一夜の間《ほど》に、已《すで》に杯の中に満ちぬ。亦《また》、瓫《ひらか》に易《か》へて置けば、亦瓫の内に満ちぬ。此《か》かること三四《みたびよたび》して、器《うつはもの》を用ゐあえず、母、子に告げていへらく、「汝《いまし》が器宇を量るに、自ら神の子なることを知りぬ。我が属《うから》の勢は養長《ひた》すべからず。父の在《いま》すところに従きね。此にあるべからず」といへり。時に、子哀しみ泣き、面を拭ひて答へけらく、「謹しみて母の命を承りぬ。敢へて辞《いな》ぶるところなし。然れども、一身の独去《ひとりゆ》きて、人の共に去くものなし。望請《ねが》はくは、務《あわれ》みて一《ひとり》の小子《わらは》を副へたまへ」といへり。母のいへらく、「我が家にあるところは、母と伯父のみなり。是も亦、汝が明らかに知るところなり。人相従《あひしたが》ふべきもの無けむ」。爰に子恨みを含みて、事吐《ものい》はず。決別るる時に臨みて、怒怨《いかり》に勝《た》へず、伯父を震殺《ふりころ》して天に昇らむとする時に、母驚動きて、盆を取りて投げ触《あ》てれば、子え昇らず。因りて、此の峯に留まりき。

（『常陸国風土記』那賀郡）

古風土記の中でも『常陸国風土記』は、説話的な色彩の濃いものが多い。話の出だしに、「古老曰《ふるおきないへらく》」を冠している話がかなりあり、体裁は一種の昔話と言える。さてこの話の構成及び意味については後で詳しく考えるつもりだが、哺時臥の山すなわち今の西茨城郡の朝望《あさぼう》山に神の子である蛇が、天に昇り切れずとどまったということに私は先ず目がいった。何故ならば、山に蛇が関係する話は数多くあるからである。この話で重要な事を二つ明記して置こう。一つは毎晩通ってくる者は結局のところ蛇であったということ、いま一つは、子供の蛇が帰ろうとした所は天であり、逆に言えば親蛇の住んでいる所は天であるということである。すなわち天にいた蛇が哺時臥の山をつたって女に通ってきたという意味をこの二つは教えている。

同じく兄妹の出てくる話であるが、「風土記」逸文の同じ常陸国の条にこんな話が載っている。

常陸国記ニ昔、兄ト妹ト同日ニ田ヲツクリテ、「今日オソクウエタランモノハ、伊福部ノワザハヒヲカブルベシ」ト云ケルホドニ、妹ガ田ヲオソクウヱタリケリ。其ノ時、イカツチナリテ、妹ケコロシツ。兄大ニナゲキテ、ウラミテ、カタキヲウタントスルニ、其ノ神ノ所在ヲシラズ。一ノ雌雉トビ来リテカタノウエニイタリ。ヘソヲトリテ雉ノ尾ニカケタルニ、キジトビテ伊福部ノ岳ニアガリヌ。又其ノヘソヲツナギテユクニ、イカツチノフセル石屋ニイタリテ、タチヲヌキテ、神雷ヲキラントスルニ、神雷オソレヲノノキテ、タスカラン事ヲコフ。「ネガハクハ、キミガ命ニシタガヒテ、百歳ノノチニイタルマデ、キミガ子孫ノスエニ雷震ノオソレナカラン」ト。是ヲユルシテコロサズ。キジノ恩ヲヨロコビテ、「生々世々ニ徳ヲワスレジ。若シ違犯アラバ、病ニマツハレテ生涯不幸ナルベシ」トチカヘリ。其ノ故ニ其ノ所ノ百姓ハ今ノ世マデ雉ヲクハズトカヤ。此ノ事ヲカケル所ニ、取テ二績麻《ヘソ》ヲ一繋《カクト》二其ノ雉ノ尾ニ一云ヘリ。

（『常陸国風土記』）

先の話に比べてこの話が根本的に違うのは、蛇でなく雷であるということだ。一体蛇が空にいて、雷が伊吹郡の丘（今の栃木県多賀郡夷吹山）に住んでいるとは、物事さかさまではないか。だからと言ってこんな話とばかり無視する訳には行かない。今度は、先の話とほぼ同じだが、ちゃんと山の頂きの沼に蛇が帰っていく話があるからである。『肥前国風土記』松浦郡の条の一節を要約してみると、大伴の狭手彦連が朝鮮の国任那へ派遣されるときのこと。妻弟日姫子が褶振の峯で別れて後、狭手彦と瓜二つの男が夜毎訪れた。二人は枕を交すなかになるが、怪しいと感じた女は男の衣に糸をつけその行方を追う。そこで峯の頂きの沼に蛇頭人身の変化妖怪の正体を見るが、女自身もそのまま湖沼に沈んで屍となった。

蛇や雷と女の関係を示す話は、枚挙にいとまがない程ある。またそれが山を舞台に展開している話も少なくない。蛇・雷・女・山、とこう並べてみても一体何を意味しているのか判ろう筈もなかったのだ。ところがある時わたしの眼の前に、降って湧いたようにその鍵が飛んで来たのである。正にそれは青天の霹靂の出来事だった。

ヒマラヤの国ネパールから帰って来た某氏が、その地で手に入れた数本のチベットマンダラをもたらした。長い年月の香煙と手垢によごれたその掛軸はよれよれで痛みはひどかったけれども、うちに描かれた絵画は色彩も鮮やかであり素晴しい古マンダラの描法を見せてくれた。一つはカールバイラブーと言う物凄い形相をして女を抱く男神、いま一つはバグバディーと言う全身真紅に染った女神だった。この両神像は彼地では民衆にひどく恐れられ敬われている天地宇宙に君臨する絶対神である。だがわたしの眼がそそがれ釘付けにされたのはその主神にではなくて、左右に描かれた奇妙な山嶽だった。神奈備型のとん

チベットマンダラ部分図（右）と三輪山伝説想定図（左）

がり山の頭頂に渦巻く雷雲が群れ、そこからたなびく雨雲はまるで蛇のように山腹をぐるぐる巻きにして山裾に降りてくる。よく見ると何とその山嶽はなまめかしい女体山ではないか。山麓の泉即ち女陰とおぼしきところからはこんこんと水がふき出し下流へと流れてゆく。思わずわたしは「三輪山だ」と叫んだ。極東の島国の小さな山と世界の屋根と言われる秘境ヒマラヤの山嶽図とどうしてこんなところで符合するのか、眼を疑うばかりである。その謎はいまも不明だし、それを追う暇はない。ともかく奈良平野の東方奈良県桜井市三輪山に鎮座する大神神社にまつわる祭祀、伝承を要約説明しておこう。記、紀および大神神社史料によれば、三輪山は古名三諸山、御室山と言い、山そのものを御神体とし古来三輪明神は社を造らずと記されている。祭神を倭大物主櫛𤭖玉命とし、神性は蛇、雷である。

山上には三ヶ所に磐座と謂はれるものがあり、奥津磐座（大物主命）中津磐座（大己貴命）辺津磐座（少彦名命）を祀る。

古事記崇神記には活玉依毘売が「夜毎に訪

大神神社　祭神・大物主大神
俗信仰の供物として、卵と酒を供える
奈良県　三輪

れてくる未知の恋人によって妊娠したとき父母の教えで赤土を床の前にまき績麻を針に貫き男の衣に刺した。糸は鉤穴をくぐりぬけて美和山の神の社に留まっていたので始めて神の子を妊んだことを知る」。

「書紀」では同じく崇神紀に、孝元天皇の女倭《ヤマト》迹迹《トト》日《ヒ》百襲《モモソ》姫命《ヒメノミコト》が大物主神と交わる話が載せられ、活玉依姫の話はないが、少し前に大物主神と活玉依姫の間にできた息子、大田田根子に大物主神を祀らせる話がある。結局のところこれら二つの神話はほぼ同様の話をもとにしていると思って差つかえない。

倭迹迹日百襲姫命、大物主神の妻《みつま》と為る。然れども其の神常に昼は見えずして、夜のみ来《みた》す。倭迹迹姫命、夫《せな》に語りて曰はく、「君常に昼は見えたまはねば、分明《あきらか》に其の尊顔を視ること得ず。願はくは暫留りたまへ。明旦《くるつあした》に、仰ぎて美麗しき威儀《みすがた》を観たてまつらむと欲《おも》ふ」といふ。大神対へて曰はく、「言理灼然《ことわりいやちこ》となり。吾明旦に汝が櫛

オオモノヌシの住む三輪山　　奈良県三輪

笥に入りて居らむ。願はくは吾が形にな驚きましそ」とのたまふ。爰に倭迹迹姫命、心の裏に密に異ぶ。明くるを待ちて櫛笥を見れば、遂《まこと》に美麗しき小蛇有り。其の長さ大さ衣紐《したひも》の如し。則ち驚きて叫《さ》啼《け》ぶ時に大神恥ぢて、忽に人の形と化《な》りたまふ。其の妻に謂りて曰はく、「汝《いまし》、忍《しの》びずして吾に羞《はじみ》せつ。吾還りて汝に羞せむ」とのたまふ。仍りて大虚を践《ほ》みて、御諸山に登ります。爰に倭迹迹姫命仰ぎ見て、悔いて急居《つきう》。則ち箸に陰を撞きて薨《かむさ》りましぬ。乃ち大市に葬りまつる。故、時人、其の墓を号《なづ》けて、箸墓と謂ふ。是の墓は日は人作り、夜は神作る。

(『日本書紀』崇神天皇条)

オオモノヌシの一夜妻ヤマトトトビモモソヒメを葬る箸墓　奈良県

三輪山伝説といわれる異類婚姻、蛇聟入型の代表的昔話である。

一般に「昼見えずして夜来る」と言うところから原始古代の妻問婚の行なわれていたことに結びつけて解釈されているようだがそればかりではあるまい。また三輪山型、蛇聟入型などの形式的分類によってこれが説明されて来ていることは妥当ではない。それはいま一つの三輪山伝説を考えることによって明らかであろう。

『古事記』の神倭伊波礼毘古《カムヤマトイハレヒコ》命、つまり神武天皇の妃、富登多多良伊須須岐比売《ホトタタライススキヒメ》命の出生の話である。勢夜陀多良比売《セヤタタラヒメ》が「大便《くそ》為《ま》れる溝《みぞ》より」美和の大物主が「丹塗《にぬ》り矢に化《な》りて」流れ下りその陰部を突く。驚いた女は「其の矢を将《も》ち来て、床の辺に置けば、忽ち麗は

原形である。　岐阜県高山市

しき壮夫《おとこ》に成りて」生んだ子供が富登多多良伊須須岐比売命であった。この話をわたしは特に「丹塗り矢神話」と呼び慣わしている。確かにこの話は蛇聟入の話でもなければ、いわゆる三輪山伝説系の話でもない。

しかし物語が暗に教えている意味はそっくりそのままのようだ。蛇と雷とを結びつける最も適切な話が以上二つの物語であった。つまり「丹塗り矢」は「イナヅマ」なのである。

大神神社は山自体が神体であるが、神奈備型のこの山は女体山である。チベットマンダラに描かれた異様な白い肉質の山がそれを教えて呉れた。雷神である大物主はこの山をぐるぐる巻きに巻いて犯

七夕まつり　数日がかりで子供たちが祭壇の川棚をつくる。七夕まつりの

す。ある時は蛇と化《な》り、またある時には丹塗り矢で表わされるイナヅマそのものとなって。

川と女で思い出される状景は、棚機女《たなばた》の物語である。天の川をはさんでの牽牛と織女の物語は中国古来の伝説であるが、日本の七夕祭の古形では川が中心になってなされている、岐阜県高山市で今も行なわれている七夕祭は、子供達の祭である。街の中央を貫流する宮川の河中に、石で川棚をつくり、お供えをして神を迎えるというきれいな祭であるが、川と棚機女の関係を多分に想像させ得るに足るものである。各地に残っている七夕竹の川流しもその簡素な例だ。桃太郎の女性版である瓜子姫が、成長して後、機を織

下賀茂神社　三井社　祭神・賀茂建角身命・伊可古夜日女・王依日女
立秋の前夜に行われる矢取神事と丹塗矢（下賀茂神社提供）

っている所をアマノジャクに襲われる話等も同じく因縁を持っている。

話をもどして、京都の下加茂神社には「矢取り神事」なる祭がある。下加茂神社と言えば何と言っても全国的に知られている「葵祭」が行なわれる神社だが、この祭が神主達すなわち神職によって行なわれるのと異なり、先の「矢取り神事」はそこの氏子達の手でなされる祭である。下加茂神社のみで行なわれるのだが、社内にある池に浮かべた板の上に立てられた多数の矢を参詣人がとり合うといった単純なものである。後述する大矢田神社の「ヒンココ祭」でも、これはまさしく丹塗り矢を氏子に向かってばらまいていた。矢取り神事を説明するがごとく、こ

上賀茂神社　祭神　可茂別雷神
玉依比売が水浴した瀬見の小川より神山を望む。男女松葉を刺す砂盛り

の下加茂神社には、やはり「丹塗り矢神話」がある。

山城の国の風土記に曰はく、可茂の社、可茂と称ふは、日向の曽の峯に天降りまし神、賀茂建角身命、神倭石余比古《カムヤマトイワレヒコ》の御前に立ちまして、大倭の葛木山の峯に宿りまし、彼より漸に遷りて、山代の国の岡田の賀茂に至りたまひ、山代河の随に下りまして、葛野河と賀茂河との会ふ所に至りまし、賀茂川を見廻かして、言りたまひしく、「狭《さ》小《く》あれども、石川の清川なり」とのりたまひき。仍りて名づけて石川の瀬見の小川と曰ふ。彼の川より上りまして、久我の国の北の山基に定まりましき、爾《そ》の時より、名づけて賀茂と曰ふ。賀茂建角身命、丹波の国の神野の神伊可古夜日女にみ娶ひて生みませるみ子、名を玉依日子と曰ひ次を玉依日売と曰ふ。玉依日売、石川の瀬見の小川に川遊びせし時、丹塗矢、川上より流れ下りき。乃ち取りて、床の辺に挿し置き、遂に孕みて男子を生みき。人と成る時に至りて、外祖父、建角身命、八尋屋を造り、八戸の扉を竪て、八腹の酒を醸みて、神集へ集へて、七日七夜楽遊したまひて、然して子と語らひて言りたまひしく、「汝の父と思はむ人に此の酒を飲ましめよ」とのりたまへば、即ち酒杯を挙げて、天に向きて祭らむと為ひ、屋の甍を分け穿ちて天に升《のぼ》りき。乃ち、外祖父のみ名に因りて、可茂別雷命と号く、謂はゆる丹塗矢は、乙訓の郡の社に坐せる火雷神なり。可茂建角身命、丹波の伊可古夜日売、玉依日売、三柱の神は、蓼倉の里の三井の社に坐す。

（『山城国風土記』賀茂社）

この話とよく似た話を先に述べたと思う。常陸国の晡時臥の話である。話の違いは、先述の方は男が蛇であり、こちらは丹塗り矢であるところだ。随分多くの引例をしてきた訳だけれども、「記紀」「風土記」には同様な話がまだまだ沢山残っているが、すべて女体山を取り巻く蛇、雷のイメージが伴っていることは約束できる。

熊野那智の曼陀羅を見た方もあるだろうが、足利期の作としてかなり有名なものである。熊野各社の配置を示し、中央下辺あたりには「補陀落渡海」の舟を描いている。荒海の波頭に、生きながらにして弧舟を浮かべ、補陀落の常世の国目指して漂流する那智の箱舟。人間の執念は、不思議なことをさせるものと、つくづく考えさせる絵である。ところでこの曼陀羅の右の端に、奇妙な部分図があった。

それは那智の大滝が白布を垂らしたように落下するそのなかほどに、赤い火焔が立ちのぼり、滝壺から一人の赤児が産まれている。それを左右から爺と婆が抱きかかえている場面である。他見したことのないこの情景はしばらくのあいだ謎として記憶の片隅に蔵って

玉依比売と丹塗矢

那智曼陀羅部分図　那智神社所蔵
那智大滝から出現する大己貴神、普陀洛渡海の箱舟

おいたのであるが、あるときふと桃太郎誕生の光景がわたしの脳裏にひらめいた。

爺は山へ柴刈りに、婆は川へ洗濯に、そこで水上の奥から流れてくる桃の実を拾って、そのなかから強い子を授かった、という昔話は神子生誕を物語る民間伝承として親しいはずである。爺が山奥へ柴刈りにゆくというのは、神霊のよりつく神籬《ひもろぎ》を選定して切り出すことであり、諏訪の御柱、伊勢の心の御柱などでも秘儀式として祭りの最初に位置する重要な行事である。切り出された神のよりつく柱はかならず川のなかをくぐり下って斎場に立てられる。それは名神大社だけのことではなく、どんな山村僻地の鎮守の森でも行なわれている。祭りの始まるまえ、榊の枝の御幣を先頭に、ある場所から神の森へ神人氏子の群が行列してくる。一般に〈渡御〉といわれているのがそれである。

考えて見れば那智の飛瀑の滝のなかから火焔をともなって誕生する神、それは丹塗矢(即ち火雷)に犯されたタマヨリヒメが生んだカモ別雷神であり、三輪のオオモノヌシがセヤタタラヒメを犯し産んだホトタタライススキヒメでありその類神は数限りがない。そしてこの那智の祭神オオナムチの神である。すなわち那智曼陀羅のその絵図は、もっとも具体的に神の子降誕の姿を表現した数少ない絵画だったのである。

長い年月、数知れず神社、祭をまわって来たが、必ずといってよいほど神が祀られているところには川があり、または泉がある。神が鎮座するところに水が湧いているということは、あまりにも当り前すぎて重要視されていなかったようだが、無視することはできない。神の前に出るときには身を浄め清浄であらなければならない、という掟のために禊をしたり、御手洗をするくらいにしか考えられなくなっている。だがそれ以前にはもっと別な意味があった。

みそぎの語意は身にそそぐという意味、つまり、いっさいの物から精気を取得したい、より充足したい、力を持ちたいという願望から始ったと考えられる。

この泉から、またこの川から神が誕生をする。瀬見の小川の川乙女の話にしても、〈桃太郎伝説〉にしても、那智の滝壺から出現する〈オオナムチ〉の絵図にしても、その水の、火の矢の異常な力を附與して現れる神の子の姿なのである。

名古屋市矢田町の六所社の民間伝説にもこんな話が残っている。

この社の森を昔は〈くらがりの森〉といって昼でもうっそうとした樹林に覆われ、もとは社殿はなく、常日頃は誰一人近よらなかったという。ところがある日その森のなかで赤児の哭く声が聞えて来た。不思議に思った村人がおそるおそる見にいくと、森のなかを流れる小川で武家姿の夫婦が今まだ産まれたばかりの赤児を清水で洗っていた。尋ねると旅の途中ここまできて妻が産気づきここで男の子を産んだのだといい、しばらくしてどこへともなく立ち去ったという。桃太郎伝説の類話である。春二月の祭の日〈かちん玉〉という竹の棒に丸い飴を附けたのを売る。安産、子育ての神を祀るところから群衆は競って買う。恐らく孕《はら》みん棒の一種であろう。

水のなかから生れでる異常な強い子、それらの子は、民話のなかではきまって醜い顔をして登場してくる。それは自然の暴びる象を人間の、又は異類竜蛇に形象した故につくりあげられた神子の姿形であったのである。民話は娯楽でもあり、又一つの教訓でもある。楽しい夢を人々に提供すると同時に、恐しい地獄の姿を垣間見させる。人々は話の中から無意識に物語の基本的な展開の仕方を学びとっているらしい。又その道具立ても然り。桃太郎同様、かなりの伝承地域の拡がりをもっている鼻たれ小僧さんもその一つである。

かちん玉祭の飴　孕みん棒
名古屋市矢田町　六所社

薪を売って貧しい暮しをしている爺さんが、ある日売り残した薪を橋の上から川の竜神さんに呉れてやった。すると川の中から美しい女が現われて、お礼に鼻たれ小僧をささげるという話である。河から出てくる子供、異常な力を持つ神の子、特にこの鼻たれ小僧は鼻の穴から宝物をどんどん出すという話で、穴から物がでてくるという点では「椀貸しの洞」「椀貸ヶ淵」と同じである。河と穴、それは淵において結びつき竜宮へと連続している。御伽話もこうして見てくると馬鹿にできないもので、一寸法師の物語も、その一節を抜き出して来ると、驚くほど三輪山伝説の様子を連想させてくれる。川を、赤い椀に乗り、箸を櫂にしてあやつり、腰に針の剣を佩き、都に姫と遊び、一瞬にして美男となるこの話。河・穴・桃の実・赤い椀、箸と針と丹塗り矢。このように桃太郎は遠い昔にその起源を求めることが出来るのである。

四の章　火殺神・その出産の秘密

日本神話の中には当然多くの女神が登場している。代表的なのは何といってもイザナミノ命とアマテラス大神であるが、アマテラス大神については若干むずかしい。彼女に関する話は記紀神話全体の骨子になってはいるが、それは多分に政治的な側面と言えよう。今彼女を取り扱うにしては、本論からそれる危険性がある為、後回しにしたい。

国生みの母イザナミは、事実上最初の女性神である、現代流に言えば地母神というところであろうか。

単純に地母神と決めつける訳にはいかない筈だが、彼女が、地下の様子を彷彿とさせる黄泉（よもつくに）に至り、そこの女神となることは、暗に大地の女神を想わせているのかもしれない。またそれ以上に彼女の死姿は、頭に雷を巻くチベットマンダラの女体山に似通っている。

是に其の妹伊邪那美《イザナミ》命を相見むと欲ひて、黄泉の国に追ひ往きき、爾《ここ》に殿の縢戸より出で向かへし時、伊邪那岐《イザナギ》命、語らひ詔りたまひしく、「愛《うつく》しき我が那邇妹《なにも》の命、吾と汝と作れる国、未だ作り竟《お》へず。故、還るべし。」とのたまひき。爾に伊邪那美命答へて白ししく、「悔《くや》しきかも、速く来ずて、吾は黄泉戸喫《よもつへぐい》為《し》つ。然れども愛しき我が那勢の命、入り来坐せる事恐《かしこ》し。故、還らむと欲ふを、且く黄泉《よもつ》神と相論《あげつら》はむ。我をな視たまひそ。」とまをしき。如此《かく》白《まお》して其の殿の内に還り入りし間、甚久しく待ち難《かね》たまひき。故、左の御美豆良《みみずら》に刺せる湯津津間櫛《ゆっつまくし》の男柱一箇所取り闕《か》きて、一つ火燭《とぼ》して入り見たまひし時、宇士多加礼許呂呂岐弖《ウジタカレコロロキテ》、頭には大雷居り、胸には火雷居り、腹には黒雷居り、陰には析雷《サキイカヅチ》居り、左の手には若雷居り、右の手には土雷居り、左の足には鳴雷居り、右の足には伏雷居り、并《あは》せて八はしらの雷神成り居りき。

（『古事記』）

イザナミは、この物語の前に火の迦具土《カグツチ》〈火の神〉を産んで陰を炙《や》かれたのが原因で死んでいる。

雷が黄泉の国にいるのは一見不自然だけれども、ちょうど女体山に雷雲が取り巻いてい

大縣神社　祭神・大縣神（類神なし）　各部落ごとに造られた女性器に群集が手を触れ、精気の倍加を願う　愛知県犬山市楽田

るように、イザナミに雷が取りついているこの情景は異様である。この姿、以前にも垣間見たことがある筈だ。井戸尻の考古館内で見た、蛇を頭に巻く女神土偶がそうである。

女神はいつも大地の象徴である。日本列島では、女神達の物産みの季節が決まっている。春から夏にかけての動植物の活動開始と、初夏の梅雨は夏秋の実りを約束してくれる。しかし実りの季節を迎えるには、猛暑の季節、旱魃と台風の季節を生きのびねばならない。各地で行なわれる「虫送り」や「ウンカ祭」はこの真夏を中心にしている。

中でも実盛様といって、藁でつくった馬の上に、これも藁でつくった二人の男女の人形を乗せ、それを先頭にうんか虫を送る行事は多い。斉藤別当実盛がうんかとなって頼朝の軍勢にたたったという話は、どこをどうくぐり抜けて変化し拡がったかは知らないが、どちらにせよ後世の英雄譚を古来の祭行事に結びつけた、よくある説明伝説である。馬の上に乗った男の方は実盛だが、女の方は巴御前だと言う。どうして木曽義仲の妾が平氏の部将である実盛と関係するのか、民衆が語り伝えた説話と史実との奇妙なくいちがいの面白さである。また時には人形がでっかい男根を有しているものもあるので、より古い形がほのみえる様である。「虫送り」や「ウンカ祭り」の祭神はおおむね「宇賀神」であると考えてよい。馬上で演じているこのエロチックな祭は、ウンカ送りとは全く関係がない。すなわち、ウンカとウカとの同音異語が同じ夏の祭りと夏の害虫によって結びつけられてしまったと見る方が妥当であろう。

「記紀」のなかでひっそりと、またぽつんと偶像の影を見せている女神、それはスサノオに、あるいはツキヨミに殺された神オオゲツメである。またその名をウカノ神・ウケモチノ神ともいう。この神は神話のなかでは何一つ劇らしい劇もなく、ただ殺されるためにだけ登場している女神である。

『古事記』の記事を見るとこうある。

また食物《おしもの》をオオゲツヒメノ神に乞ひき。ここにオオゲツヒメ、鼻、口、または尻より種種《くさぐさ》の味物《ためつもの》を取り出して種々作り具《そな》へて進《たてまつ》る時にハヤスサノオノ命、その態を立ち伺ひて、穢汚して奉進るとおもひて、すなはちそのオオゲツヒメノ神を殺しき。故、殺さえし神の身に生れる物は、頭に蚕生り、二つの目に稲種《いなだね》生り、二つの耳に粟《あわ》生り、鼻に小豆生り、陰に麦生り、尻に大豆生りき。故ここにカミムスビノ御祖命、これを取らしめて種と成しき。

また「書紀」には保食神《うか》の頂に牛馬、ひたいに粟、眉に蚕、眼に稗、腹に稲、陰に麦、大豆、小豆が化生した、とあって、多少の変化は見られるけれども大要は変わらない表現で語られている。

蛇神であり、荒暴ぶる神スサノオがオオゲツメ、またはウケモチノ神、ウカノ神という地母神を殺戮する。いいかえれば、大地を破壊することによって五穀が「穴」のなかから、または「山岳」から生産される万事を物語っているのであって、おそらくはこの神こそ、神話のなかでもっとも古い形の神であろうし、簡潔な話り口から考えて、日本神話の原形であろう。古形の神程小さくなり、どこの神社でもひっそりとたたずんでいるのだが、「記紀」という古代王朝の公式記録のなかにもやはりこうして残存していたのである。

殺されたオオゲツメ

オオゲツメ・ウケモチ・ウカの神名のケ・カ、とは食物の事とされているのは周知の語意であり、朝食《あさげ》、夕食《ゆうげ》の「ケ」に相当する。伊勢神宮外宮の祭神トヨウケも食物神であって、すなはち地母神である。桃太郎の桃や、一寸法師の朱塗り椀等が、丹捻り矢と同様にイナズマの火を表わしていることは述べたけれども、イザナミが死んだのもやはりホノカグヅチという火の神を生んだためである。

次に火之夜芸速男《ヒノヤギハヤオノ》神を生みき。亦の名は火之炫毘古神と謂ひ、亦の名は火之迦具土神と謂ふ。此の子を生みしに因りて、美蕃登《ミホト》炙かえて病み臥せり。（中略）故、伊邪那美神は、火の神を生みしに因りて、遂に神避り坐しき。

（『古事記』）

火の中で子を生むのは、那智曼陀羅の絵と変わりがない。火の中で子供を生む話は他にもあり、天孫、天津日高日子番能邇邇芸能《アマツヒコヒコホノニニギノ》命が高天ヶ原より降臨の後、大山津見の女、木花佐久夜毘売をめとる話は代表例と言える。

後に木花之佐久夜毘売、参出て白ししく、「妾《あ》は妊身めるを、今産む時に臨《な》りぬ。是の天つ神の御子は、私に産むべからず。故《かれ》、請《まお》す」とまをしき。爾に詔りたまひしく、「佐久夜毘売、一宿にや妊める。是れ我が子に非じ。必ず国つ神の子ならむ」とのりたまひき、爾に答へ白ししく、「吾が妊みし子、若し国つ神の子ならば、産むこと幸《さき》からじ。若し天つ神の御子ならば、幸からむ」とまをして、即ち戸無き八尋殿《やひろどの》を作りて、其の殿の内に入り、土を以ちて塗り塞ぎて、産む時に方りて、火を其の殿に著けて産みき。故、其の火の盛りに焼《もゆ》る時に生める子の名は、火照命。次に生める子の名は火須勢理命。次に生める子の御名は火遠理《ほおり》命。亦の名は天津日高日子穂穂手見《あまつひこひこほほでみ》命。

（『古事記』）

一夜にして子を妊むことを疑う話は、ずっと後の雄略記にも見え、他にも時折り散見する。神と交われば一夜に妊むと昔は考えられていたのかもしれない。

火中出産の話を一つ紹介しておこう。『古事記』にはその稲城が焼けたことが書かれてはいないが、すぐ後の文で「今、火の稲城を焼く時に当たりて、火中に生れましつ。故、其の御名は本牟智和気の御子と称すべし」と毘売自ら言っているのでそのことが知れる。ホムチワケとは火持ち和気の意であろう。先の木花佐久夜毘売とこの話、そして更にイザナミの話等、日本の神話には始めの方でも後の部分でも、所かまわずと言っては語弊があるが、かなり同様の話が載っているものである。前節、三輪山伝説や丹塗り矢神話についてもそのことが言えるし、よく観察してみれば、これら三種類の神話も結局は同一の筋書、意味合いを含んでいることが判明してくるわけだ。

先の話の以前にこんな話がある。

天皇……后の御膝を枕きて、御寝し坐しき。爾に其の后、紐小刀を以ちて、其の天皇の御頚を刺さむと為て、三度挙りたまひしかども、哀しき情に忍びずて、頚を刺すこと能はずして、泣く涙御面に落ち溢れき。――

「吾は異しき夢見つ。沙本《さほ》の方より暴雨《はやさめ》零《ふ》り来て、急かに吾が面に沾ぎつ、又錦色の小さき蛇、我が頚に纒繞りつ。如此の夢は、是れ何の表にか有らむ」

（『古事記』）

と天皇は沙本毘売に尋ねるのだが、暴風雨と頚に巻きつく錦色の蛇、それは沙本毘売の滂沱の涙と丹塗矢に相当する小刀に象徴されている。つまり「火」もまた単なる火炎ではなく火雷を意味しているのである。

その後唖のホムチワケは諸国を巡行し、出雲の火神を拝み言《もの》が言えるようになる。

女神の姿、それは瀬見の小川の川乙女やコノハナサクヤ姫のように絶世の美女でもあり、またイザナミノ命やオオゲツヒメのように豊穣をもたらす、ある意味ではたくましい姿とさえ言える。次々と物産みをし、又は神の子を生む大地の女神達。蛇神と交わり、丹塗り矢につかれ、火の神に殺されて、火の中で子を生む彼女達。わたしは以前、某新聞社の企画の「炎の女達」と題する挿絵の仕事をしていたことがあるが、今に至って「炎の女神」を書き続けているのに苦笑したものである。

よくよくわたしは情熱的な女性に興味があるらしい。いやわたしだけではない。鳴神や久米の仙人も、美女に心うばわれて天から落ちてくるからには心配はいらない。ただ古来からの伝統的な血がやや余分にたぎっているに過ぎないのだ。

五の章　一本タタラとサクチ神の血脈

子供たちが聞くお化けの話で、何と言っても印象深いのは一つ目小僧であろう。一本足のから傘に蛇の目紋のような一つ眼、そして気味の悪い赤い舌、丸坊主で縞のどてらを着た一つ目、ろくろく首の大入道などは百鬼夜行の立役者である。だがこの妖怪変化もまた神の一員であったのである。

旅人が宿をとり損って山の一本道をとぼとぼと歩いていると、ようやく歩けるぐらい、膝まで積った雪の道に点々とゲタの跡がついている。こんな山の中をゲタで、と思い後をついて行くと前の方を小さな子供がピョンピョン跳んで行くではないか。旅人が迷い子と思って呼びとめて見ると、何と顔の真中に大きな目が一つ、足は一本でゲタをはいた一つ目小僧がニヤリと笑ってふりむいた。肝を潰して旅人はそこに気を失ってしまう。子供の頃は夜、寝るのが恐かった話も、大人になってしまえば他愛のないもの。怖ろしいどころ

多度神社　祭神・天目一箇神　三重県多度町
「一つ目小僧」は同地方四日市市山車

か可愛く感じられるのも現代だからであろうか。

尾張平野を西から囲む養老山脈の南端、多度山の麓に多度神社がある。天目一箇神《アメノマヒトツノ》はその摂社に祀られて居り、農漁業の神、又特に鍛冶屋・鋳物師の神として全国に知られて、別称一目連《いちもくれん》という。かつてこの神社は国幣大社であった。ところが不思議にも「記」「紀」ともにこの神名は見当らない。アマテラスの「天の岩戸隠れ」の時、「天の金山の鉄《まがね》を取りて鍛人《かぬち》天津麻羅を求《ま》ぎて云々」（以下にはおそらく「剱を作らしめ」という文が抜けていると言われている）とあり、この天津麻羅が同神と考えられている。一つ目一本足の「マラ」の神とは一体何者なのか。

付近の農民達はこの神は片目の大蛇で、昔山崩れのあった時熊手の先が目に当って以来権現池に隠れたと言い、一目竜《いちもくりゅう》と呼んでいる。「畏こき荒神で大なる火の玉となって遊行し、時としては暴風を起して災いをした」と柳田国男も「一つ目小僧」の中で書き記している。今二つばかり「一つ目小僧」の中から抜き書きして見よう。

　豊後の或る山村の庄屋、山中に狩せる時、山上二三尺の窪たまりの池の端に七八才ばかりの小児総身赤くして一眼なる者五六人居て、庄屋を見て竜の髭（竜のひげは一名蛇のひげとも言い山野に生える常緑草）の中に隠るる。これを狙い撃つに的らず、家に帰れば妻に物憑きて狂死す。我は雷神なり。たまたま遊びに出でたるに何として打ちつるぞと言ひけり。

この一つ目小僧は片足とは書いていないが、総身赤い雷神ということだ。次には三輪山伝説に類似した昔話。

　昔水見色の杉橋長者が娘に、夜な夜な通う男があって、栲《たく》の糸を襟に縫いつけてその跡を繋ぎ、ついに池の主であることを知った。長者憤りに堪えずして多くの巨石を水中に投じ、蛇はそれがために一眼を失い、その縁によって今も池の魚が片目であるという。

これら三例の伝承は、一つ目小僧及びアメノマヒトツノ神の性格・容姿を充分に教えて呉れる。「大蛇」「雷」「一眼隻脚」更には「総身赤色」。話の筋こそ違え、何らかの仕方でやはり相通じてしまうのである。だが何故蛇、雷が「一目隻脚」なのだろうか、そんな疑問が残る。それを明かにするには蛇、雷について共通点を見出さなければならない。とすればすでに初めの頃鳴神、久米仙人、三輪のオオモノヌシの丹塗矢等々において再三美女を犯すこと、夜這いをする話を取りあげて来た。つまり蛇雷の神は巨大な陽根を持って女体山を破瓜する。一つ目一本足とは、その男性の暴ぶる象徴、男根の形を表現しているに他ならないのである。

天目一箇神、天津麻羅は鍛冶の神であり鍛冶師として一般的に認められて来ている。そのためにこの神は今日でも鋳物師、鉄工者の持ち斎つく神とされて来ている。だがそれは彼らのもっとも重要な器具、鞴《ふいご》によるものである。わたしはいつか何かの記事で読んだことがあるが古代の鞴は皮袋の先に小さな穴をあけ根本を一本の棒で前後に圧縮しながら火をふいたとあった。その形状が恐らく男根に至極類似していたのであろう。鞴の別称をタタラというのはその威力の充足している意味をいい、一目小僧を一本タタラというのも理解できるではないか。漂泊する特殊職業群が斎祀った一つ目の神も決して元はといえば特定の鍛冶屋だけの神ではなかったのである。

神の護符として〈杓子〉を参詣者に頒布する神社は諸所にあるのだが、この杓子こそ、この神の「御影」なのであって蛇頭と男根の形がすこぶる似ているところからお守りとするに恰好の材料だったのであろう（勿論杓子が家内安全のお守りとなったのは大して古いことではなかろう）。

多度神社、アメノマヒトツノ神の神殿の後は滝になっていて、参道沿いの小川となって入口まで続いている。この神の配偶神にはウックシ御前（神名イチキシマヒメ）が祀られていて、この女神には穴明きの小石が奉納され、下の病平癒を願う民間信仰が盛んである。「記紀」には載らなかった天目一箇神も一度だけ『播磨国風土記』に登場している。

荒田と号《なづ》くる所以は、此処に在す神、名は道主日女命《ミチヌシヒメ》、父なくして、み児を生みましき。盟酒《うけひ》を醸《か》まむとして、田七町を作るに、七日七夜の間に、稲、成熟り竟《お》へき。及ち、酒を醸みて、諸の神たちを集へ、其の子をして酒を捧げて、養らしめき。ここに、其の子、天目一命《アメノマヒトツノ》に向きて奉りき、乃ち、その父を知りき。後に其の田荒れき。故荒田の村と号く。

あの瀬見の小川で水浴する美女タマヨリ姫が丹塗矢に犯されて産んだカモワケイカヅチ

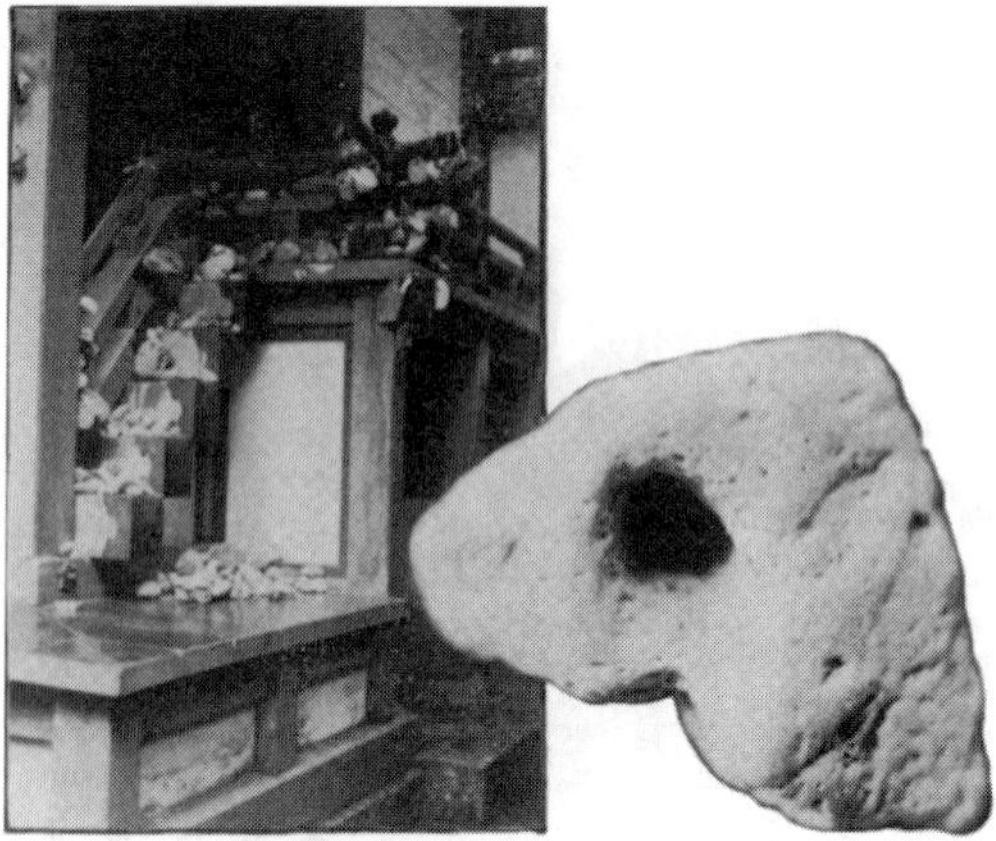

多度神社末社　祭神・市杵島比売（美御前）
俗信仰　穴あき石を供え下の病平癒を祈る

の命とおなじ語りかけを遺していることからいって、これが同神であることが知れるのではないか。

宇宙を永遠に持ち上げている単眼の巨人アトラス、蛇杖と飛行する靴を履きオリンポスに飛来する一つ眼一本足の鍛冶屋・盗人の神マーキュリー（メリキュール）。神の託宣によって数奇な運命を辿り、実の母との近親相姦を犯す悲劇の英雄オイデプースもまた盲目で跛っこになった。ギリシャ神話に登場する彼等と瓜二つの神々が住んでいる日本列島の神譚の謎は果てしない。

ところでこのアメノマヒトツは、またも諏訪に飛来する。と言うのはあの天竜の源泉に住む諏訪明神甲賀三郎とも結縁を持っているからである。

諏訪の明神は一つ眼であると言う。その理由は北佐久の地方では胡麻を作らぬところがあって、それは明神がこの地へ来られたときの畠の「ささげ」のつるに引っかかって、転んだ拍子に運悪く胡麻の莢で眼を突き一つ眼になってしまった。それからこの里では胡麻を作らぬという民話があって諏訪神もまた一眼であるという（信濃伝説集）。

片眼の蛇神、甲賀三郎を祀る諏訪上社亦は前宮では、〈社宮司の神〉が正体であるともいう。と、その蛇神と社宮司の神とは別神なのか、それとも同一神なのか。この社宮司の神もまたアメノマヒトツと同じく、官選史書の中にはかけらほども見当たらない零落の原神なのである。それ故に名称もまちまちに呼ばれていて、その内の数例を記すと、社宮司・三狐神《さごじん》・佐久《さく》・佐口神《さくちがみ》・石神《しゃくじん》・お杓子神等すべてが当て字で呼称記写されているのである。この一見繁雑な乱名の骨子になる音表を探って見ると、〈サクチ〉ではなかろうかと思われる。〈シャグジ・サゴジン、ミサクチ〉の〈サ〉は〈シャ〉に転訛し、〈チ〉は〈ジ〉〈シ〉に、それぞれの地方の人々の

諏訪神社前宮　祭神・御左口神　長野県茅野市

方言に同化変称されているものと考えられる。だが、そのサクチ神という聞きなれない、そして人の眼にあまりふれないこの神は一体どんな神なのだろう。

諏訪神社前宮には御佐口神が祀られていて、毎年五月「御頭祭り」が執行されている。そのため元旦の深更、大祝《おおほうり》と神長官《じんちょうかん》との立合のもとにその年に「神使」となる少年を御頭郷より差し出すのを卜占によって取極める。

その模様と儀式次第は、神社伝承の「諏訪大明神画詞」（以下「画詞」とも）や「神使御頭之日記」等の資料を集録した『諏訪史』（宮地直一著）によれば、

大御立座神事

……画詞に正月元日の出立を赤衣、二月晦日荒玉社に出仕の場合を直垂、四月七日大宮舞楽と五月二日御狩押立との際を赤袍とし、又十一月廿八日畢り神使御立に当っては、巡行の道中、素雪によって赤袍の色と変ずるともある。次いで永禄の規式に至り、年中の制を立てて「ゐほし、かりきぬ、直垂、すわう、袴、小袖二、かたひら二、褻の小袖二」とし、又当日の分として、神使に「はつひの布一端、くれないなり」といひ、従者と思わるる役者五人に「立ゐほし、すいかん、くすはかま」という。降って社例記となって漸く詳かに、赤衣、立烏帽子に二丈五尺の裾を曳くとあり、蕗原拾葉（三二）

所収諏訪神社記（下）も亦之に従って居る。仍って按ずるに、狩衣、水干、直垂等の常服に赤衣を纒ったのを弐正の装としたので、はつひの布一端は、之がための料と思はるる。赤色は蓋し古くより神使たる身分の表徴とせられ来った色目で、――（中略）

この日神使が馬に乗る前にオンネン柱を肩より腋に背負ふことあり、オンネン柱は三寸角、長さ七尺の節無し桧の柱に流鏑馬の矢二本及び柳の芽、くぶしの花、じしゃの枝、桧の葉の五種の品を纒ひ付け、これに長さ各五尺の五色絹を垂れたるものなり、尚一説には玄米の麹を練り合わせたるものを、柏酒と称して柏の木の葉に包み串に挿せるものを同じく杖に纒ひ付けしとも云ふ。――（中略）――

即ち「信府統記（五）」に

前宮ノ内ニ入レテ七日間通夜サセ、祭ノ日出シテ、葛ヲ搦メ、馬ニ乗セ、前宮ノ西南ノ馬場ヲ引廻シ、打擲ノ躰ヲ為ス、

といふを始めて、或は百日行をなさしめた上、藤蔓を以って後手に纒して馬に乗せるといふのもあれば、或はその藤縄の痕跡が容易に消滅しないで、三年のうちに命を失うというものもある。近く明治三十七年、山口米吉氏の発表された落合小学校長の談には、「神使は、その家の前なる谿の周囲を馬上にて三度疾走し、その時、村民は棒を以て地を叩きながら之を追廻す」……

と記されている。

藤森栄一氏も著書『銅鐸』の中で、上社の旧神楽大夫茅野氏を訪ね、話を聞いた時、茅野氏の談「神使に選ばれた御頭郷の十五才童男のうち、祭後、ふたたびその姿をみたものがない例がうんとある。密殺されたものらしい。そこでその選をおそれて逃亡したり、乞

(1) 大松明の照す凍てつく参道を社家が先頭に

(5) 儺負人に架せられる土餅・人形
(4) 政所庁舎の儀式執行

に灯がともされる
(7) 神体を頭頂にかざす

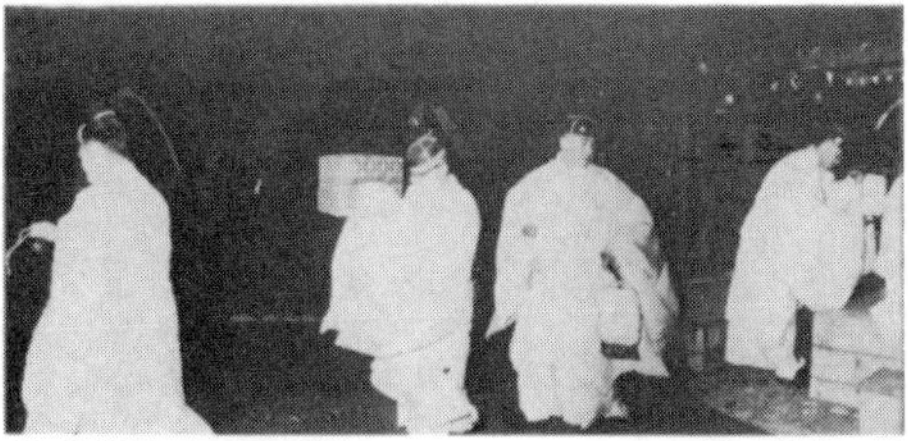

⑶ 神体猿田彦の面を奉遷

⑵ 司宮神の祠

⑹ 儀式執行中舎外に
土餅・人形を背負い坐る儺負人

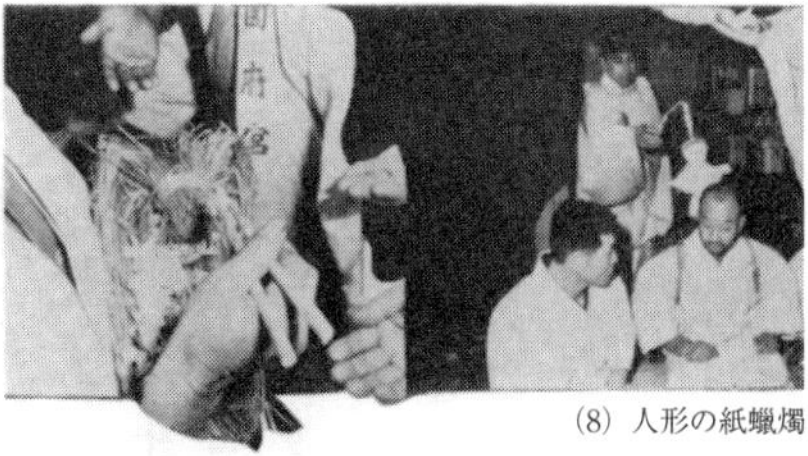

⑻ 人形の紙蠟燭

⑼ 梅と柳の小枝でつくられた
儺負つぶてを配る

食または放浪者の子を育てておいて、これにあてたことがある」とある。

年端のゆかぬ十五才そこそこの少年が馬上にくくりつけられ、虐待されながら、果ては殺害される。こうした無惨な神事の痕跡を記しているのだが、それが御佐口神が主役、正体であると言うのである。

ところで、この非人道的な神が尾張平野の真只中でも、犠牲の血を欲していた。

尾張大国霊神社、俗に国府宮の裸祭りと呼ぶ「追儺神事」がそれである。

厳冬の平野に伊吹颪が吹きつのる季節、正月十三日（現在旧正月二日）社家が各々三、四名の若者を引き連れて、その年の恵方へ儺負捕えに向う。本社より方一里は神垣、井垣と称して除外地であり、行路人捕えに参集するのである。寛保年間儺負書付控によれば群衆五六千人。儺負起進人を先頭に大鐘の乱打を合図に楼内より各々抜刀、薙刀、諸々の凶器を高く差し上げ或は手を広げて突走り、酒を呑んで歓声怒号をどよもして向う。そしてその日一番に出遇った者は僧侶・女・子供・不浄者を除いて誰彼の別なく捕えられてしまうのである。そこで恵方に当る郷村の者共は、門戸を閉し息を殺して家に籠るのであるが、この大群衆は捕える迄、突進んでいつの年でも必ず一人男を捕えた。捕えられた

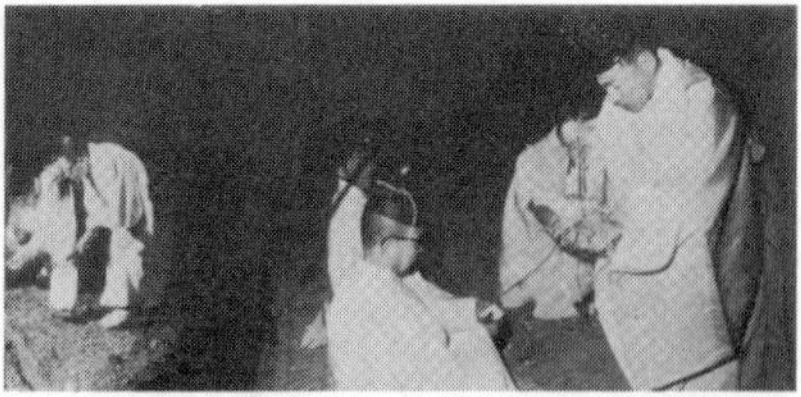

ぶてを拾い集める社人たち　(10) つぶてを神官にも配る

(13) 暗闇のなかをよろめきながら逃げのびる儺負人

(12) 集められたつぶてを林の奥深くで燃やす秘儀式　(11) 儺負人に投げられたつ

(14) 儺負人が倒れまたは脱ぎ捨てた場所に神官、社人が忌鍬で穴を掘り埋めて儀式の全てが終る

儺負人は、泥田に突き落とされ引きずり廻されたあげく群衆に取り囲まれて追走らされる。社家長太夫は五尺計りの棒に榊の枝と銀紙を貼った木刀と、大鳴鈴と神符を結び付けた鉄鉾を持って、神符を儺負人に頂かせて連れて帰る。途中も儺負人は大群集にもまれ、打たれながら本社の大日堂に閉じ込められる。「不幸なことが度々あった」と尾張大国霊神社史料にも記されている。そのため近郷との刃傷沙汰、訴訟は数限りがなかったようである。その後捕えられた儺負人は清火行水して潔斎、結氷した参道を藁草履に霜柱を踏み政所庁舎にむかう。こけら葺屋根に組柱の周囲を青柴の壁で囲んだ祭場は古式の家屋を偲ばせている、その外に儺負人は儀式の間中しゃがんでいる。ところで奇妙なことに、大国霊神社のこの追儺神事では立派な社殿があるにもかかわらず、最初から末社のそれも眼にも入らないような小さな祠の「司宮神」を主役として祀られるのである。その司宮神社の

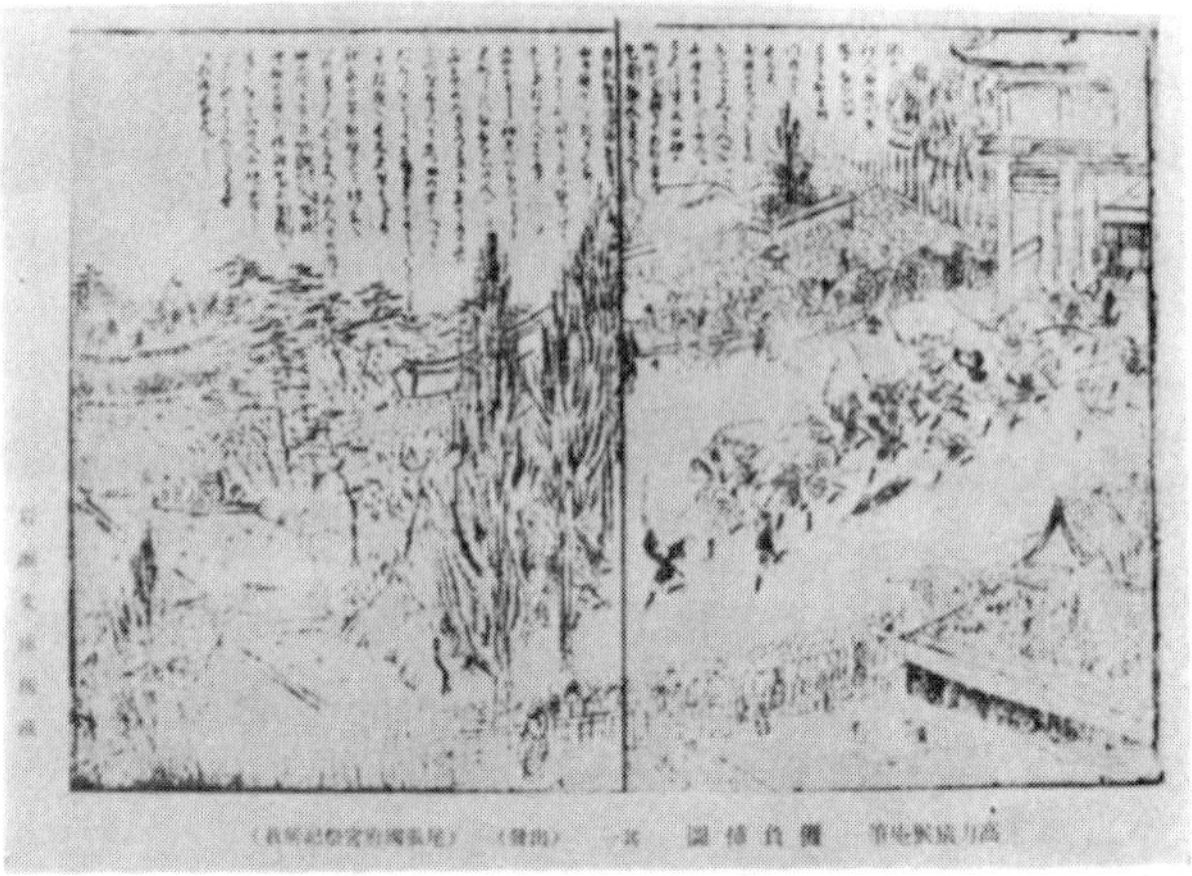

国府宮儺負捕え（俗に裸祭）古図（1）

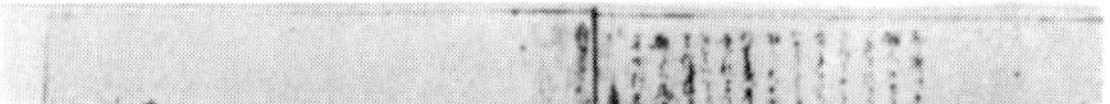

同（2）

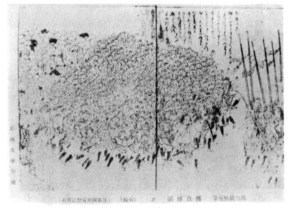

心男と裸の群像

祠から取り出されたサルタヒコの面が政所庁舎に奉還される。儺負人は形尸《かたしろ》の紙人形に一つ火を灯し、真黒い土餅を背中に負わされ、群衆から桃、柳の木のつぶてを雨、あられのように投げられて暗闇の中を逃走して行くのである。今は決められた場所があるのだが、昔はその儺負人が力尽きて倒れた所に二人の神主が忌鍬で穴を掘り、土餅・紙人形を埋めて祭りは終る。その頃にはしんしんと冷え込む真冬の夜が白々と明け始めている。

〈司宮神〉は諏訪の〈社宮神〉ばかりでなく濃尾平野のここでも血を欲していた。

ところでこの〈司宮神〉の対神がク

シイナダ姫であって、その画像がこの儺追神事の最初に先行神事として政所庁舎に懸げられる。この事実によっても、〈司宮神〉即ち〈サクチ〉が蛇神でありスサノオと赤身鼻高のサルタヒコとは密接な関係であることが理解されよう。以上の記述のようにサクチ神が、農狩漁民全ての信仰神であったものと考えなければならないのである。

静岡県引佐郡寺野の三月堂〈ひよんどり〉の神詞に、

　　川向いにましますしやぐし水神・土公荒神、川又にましますエビスの三郎……

等とあり〈サクチ〉神が水神であり蛇神である証拠である。

鳥羽町中之郷の小竹屋（強力氏）は祷筋で、社宮司の宮守をする家であった。先代の人が或る日、沖へ漁に行って、日暮れになって帰ろうとすると、連れの舟はどんどんと皆帰って行くのに、その人だけは急に身体が動けなくなってしまった。すると眼の前には、海一ぱいに長もん（大蛇）が拡がって耳までもぴんと立てている姿が見えた。その時、心の中で「これはきっと社宮司様が何処かへお渡りになるのに行き逢ったのや、ありがたいことや、自分は祷筋を戴いているから、特別にお姿をお見せになったのに違いない」と窃かに信じた。その刹那に身体がかがまって、舟の中へ伏ってしまった。後日その人は硨磲《しゃこ》掘りに行った時、前の話を人に語った。ところが忽ちその場で身体がぐにゃぐにゃになり、やっとの事で家に連れられて来たが、間もなく盲目になって死んでしまった。それから嫁もまた盲目となって早世した。これは神さんの秘密を祷筋以外の人に喋り散らしたから祟りに遭うのだと噂された。それで硨磲取りに一緒に行って聞いた人も祟りを恐れて、この話は余り語ろうとしなかった。

（『鳥羽志摩の民俗』岩田準一著）

社宮司のあらたかな話

鳥羽町の江崎鹿蔵という人が、以前に鳥羽藩から家中へ入れる米仲買いをしていた頃の話、鳥羽藩最後の家老であった山本速（前名、山本忠右エ門）という人の許へ、米を運ぶので、日暮れ時分に米俵を担いで社宮司の宮の前を通りしなに何気なく宮の方を振り向くと、鳥居に綺麗な白い鳥がとまっていた。「あの綺麗な鳥は」と思った瞬間、その鳥の姿は消えて四辺一面がにわかに真っ暗になった。吃驚してその場へ米俵を放り投げて、その上に座って暫くお祈りをしていた。

もう明るくなったろうと思ってひょっと頭を抬げたら、鳥居の上から下へ垂れるばかりの白鬚が見えた。二度吃驚してまた俯向いてお侘びをして、また暫くしてから頭を抬げて見たら、もう白鬚は失くなって、元のようにすうっと明るくなった。それでいきなり米を引っ担いで、家老の宅へ届けて置いて逃げて帰った。その人は死ぬまで、社宮司様はあらたかな神さんだと、人々に語っていたそうである。（前掲書）

人間のもっとも怖がる雷、見ただけでもぞぞ毛たち忌嫌う蛇、それがこともあろうに万人崇敬の神であろうなどとは。

それでは一体この狂暴な蛇とはどんな蛇を指しているのだろうか。青大将、縞蛇、赤棟蛇《やまかかし》、などは人間に直接害を与えることはない。とすれば毒蝮、蝮に違いなかろう。その蝮のことを、かつては田地火《たぢひ》と言った。ところで面白いことには、田地火とは毒蝮ばかりではない。山野のどこにも自生している〈いたどり〉も田地火と称している。

虎杖《いたどり》を熊野では、ゴンパチと呼んでいるが——いま一名ゴンズイという名義との関係を白井光太郎博士に尋ねたところ、牛王《ごおう》枝で牛王の符を挟み持つにこの枝を用いたから、と教えられた。推測するにゴンパチは牛王葉《ごおうつぱ》くらいの原意で、何か牛王加持の際これを用いた熊野固有の習慣の痕跡を留めた名称ではあるまいか。

（『南方熊楠全集』平凡社刊）

と南方熊楠はいっている。だがどうして虎杖で神札を挿むかという理由には、言及していなかった。

熊野本宮　祭神・家津御子大神（熊野加武呂命・速素戔烏命）
牛王符と田地火（いたどり草）

虎杖は蓼科の多年生草本で夏にやや赤味を帯びた白い花を咲かせて、黒い小さな実をつける。昔は茎を塩漬けにして食用としたらしい。戦争中、この草の葉を巻いて煙草の代用にした記憶を持つ人も多いであろう。いまでも茎は皮をむいて子供たちは噛む、酸っぱくて口のなかがスキッとする味はなかなか捨てたものではない。他にもこの草をダンケ、タシッポ、タヂ、タヂヒと呼ぶが、その語原は田地火である。そしてその呼名の理由とは、この草の葉形がハート形で蝮蛇（異称田地火）の頭にそっくりだからである。そのうえ葉や茎柄が初夏、新芽のときは火のように紅いところから名付けられたのであろう。

また蝮《たじひ》瑞歯《みずは》別《わけ》天皇の末裔と称している幻の漂泊民サンカの一族のなかに「田地火」姓がある。彼らは蝮捕りを業としていたらしいが、この「田地火」「田地部」「田地比」の家紋は虎杖の紋章をつけるということだ。

始めのゴンパチ、ゴンズイの虎杖の異称も決して故ないことではない。というのは南方熊楠の語ったように、それは熊野権現の神札烏《からす》牛王符《ごおうふ》を挿むことに矢張り重要な意味があったのだ。つまり熊野三山の本宮（祭神ケツミコノ大神、亦の名クマノカムロノ命、クシミケヌ命、スサノオノ命）新宮（祭神ハヤタマノオノ命、クマノムスミノ大神）那智（祭神オオナムチノ神）の神の正体が天来の水のなかに火焔を立ち昇らせて舞い降りてくる蝮蛇だったと言う意味が秘められていたからである。

天にあっては雷電が火、地にあっては蝮が火である。いうまでもなく、死の激痛の苦しみ、劇しさからその呼名がうまれたことは想像に難くはない。

毎年新しい神迎えをする。祷屋または選ばれた者がその役割りを行い、神社から部落へ運搬する。烏牛王符をつけた赤い牛王杖を目のあたり見て、村びとは恐らく敬虔な面持ちで神到来を信じたものであろう。他の地方にあっては、真新しい蛇頭男根型の杓子を受けて来て門戸にかかげ、吾が家に神のよりましたことを知るのである。

熊野速玉大神

六の章　さすらいの唖神たち

スサノオとヤマトタケル・アジスキとホムチワケのこと

父神伊邪那岐《イザナギ》の神の問に答えてスサノオは、「僕《あ》は妣《はは》の国根の堅州国に罷《まか》らむと欲《おも》ふ。故、哭くなり」「然らば汝は此の国に住むべからず」と宣告され神夜良比爾夜良比《かむやらひにやらひ》つまり放逐されてしまうのである。ときに暴神スサノオはその本性をむきだしにして、「然らば天照大御神に請《まお》して罷らむ」といひて乃ち天に参上る時、山川悉に動《どよ》み国土皆震《ゆ》りき。驚くアマテラスは髪を解き、御美豆良《ら》に纒《ま》き、左右の頭に八尺の勾璁《まがたま》五百津美須麻流《みすまる》の球《たま》をつけ、曽毘良邇《そびらに》は千入《ちのり》の靫《ゆぎ》を負ひ、比良邇《ひらに》は五百入の靫を附け、伊都の竹鞆《とも》を佩び弓腹《ゆはら》振り立てて、堅庭の土を向股《むかもも》に蹈み那豆美《なずみ》、沫雪如《な》す蹶散《くえはらら》かして、伊都の男建《おたけ》び蹈み、戦闘態勢をととのえてスサノオに備え対抗した。

「記紀」による日本神話はアマテラスとスサノオの物語に重点がおかれている。勿論それはアマテラスを皇祖神として祀りあげた後代の作為によることは明らかだ。特に出雲王国席巻平定の古代国家統一にあてはめて話が作られていることはその一例だが、スサノオはあの物語によれば大和王国の親族神なのに、反逆して出雲地方へ逃亡したと描かれている。

スサノオの性格容貌は大変怪異である。

速須佐之男命《ハヤスサノオ》、命《よ》させし国を治《し》らずて、八拳須《やつかひげ》心《むね》の前《さき》に至るまで、啼き伊佐知伎《イサチキ》。其の泣く状は、青山は枯山の如く泣きからし、河海は悉に泣き乾しき。是を以ちて悪しき神の音《こえ》は、狭蝿如《な》す皆満ち、万の物の妖悉に発《おこ》りき。

（『古事記』）

あご鬚が胸に垂れる程永い年月、まるで幼児のように啼き叫び、山河を枯れ乾してしまった。そのため万物すべて災危が起きたとある。

女神が山嶽であり、女体の姿の神奈備山に主として規定されて祀られるのに対し、男神の住居するところは何処であろうか。丹塗矢神話などですでに語られているようにこの神は雷、即ち蛇であり赤い矢、杓子の姿で出現している。だが実は住所不定の神であって常に彷徨いの旅をしていたようだ。

アマテラスとスサノオが天の安の河を真中にはさんで対決し、誓約をして五男三女の神を産みあう。スサノオは宗像《むなかた》の三女神を得たことにより勝ち誇り、「アマテラスの営田《つくだ》の阿《あ》を離ちその溝を埋め、またその大嘗をきこしめす殿に屎麻理《くそまり》散らしき。汝然為れどもアマテラスはとがめずて告りたまひしく、『屎如すは、酔ひて吐き散らすとこそ我が邦勢の命、かく為つらめ。また田の阿《あ》を離ち、溝を埋むるは、地《ところ》を阿多良斯登許曽《あたらしとこそ》、我が邦勢の命、かく為つらめと詔り直したまへども、猶その悪しき態止まずて転《うたて》かりき。天照大御神、忌服屋に坐して、神御衣織らしめたまひし時、その服屋の頂を穿ち、天の斑馬を逆剝ぎに剝ぎて堕し入るる時に天の服織女見驚きて、梭に陰上を衝きて死にき」そしてアマテラスは天の石屋にさしこもるのであるが、その後八百万の神々の大集会によってハヤスサノオはまたも追放の憂目、つまり天つ罪を宣告されて千位の置戸を負わせ、また鬚を切り手足の爪も抜かしめて神やらひきとあるのだけれども、この再三再四繰返し語られるスサノオの追放、漂泊は男神そのものの大きな特徴と言へる。

ところでこの「天つ罪」について折口信夫はこう語っている。

雨障《あまつつみ》常する君は　久方のきのふの雨に　懲りにけむかも（万葉集巻四）

……とぶとりの　飛鳥壮が、霖禁《ながめいみ》　縫いし黒沓さしはきて、庭にたたずみ……

（万葉集巻十六、竹取翁の歌）

この民謡は五月植神事の田遊びであることを指摘しつつ、ながめいみ、亦はあまつつみの意味をまたこう記している。

天つつみの説明は、記紀時代の物語には、スサノオの天上における行為を起源としている。だがこれが皆、田植神事の行事と関係があり、五月夜《さよ》の事になり、〈蓑笠〉を言ふ処を見ると、昔からの説は、古代論理を考えなさ過ぎた為ではないかと思われる。即ち、雨つつみの言語情調が変って、天つ罪となった。後世人には、雨つつみとするは、天上におけるスサノオの罪が、此の地上にも亦、天つ罪の行われる時だからと考えたのである。

スサノオの天つ罪を行うた後、贖ひとして、田を元の如くする様を、神人として演ずるのだ、と言う風に解する時代があったに違いない。わたしは古来難義の〈天つ罪〉は〈霖斉《あまつつ》み〉の伝承から、語義まで変ったものと信じている。

この解釈はスサノオ神の性格を浮彫りするとともに、御田植神事のおりに演ずる神の姿をも想起させる卓見である。田植神事の早乙女たちが早苗を神田に植えるのに先きだって、スサノオ神が地阿多良斯《ところあたらし》として、田面を叩き、泥をはね、さんざんに暴れまわる俳優《わざおぎ》の悪態は今でも各地の至るところで行なわれる。これは田を元にかえすということではなくて、雷、すなわち蛇神が天の異常な力によって田地を覆元し、充足した新しい土壌に甦えらせようとする業と見るべきであろう。

また「つつみ」の語意はすべての物が閉ざされる、つまり包み込められることをいう。「罪」「包」「慎」「障」「筒」等、みな原意を同じくしている。

神が田の中で暴れ回る所作は、各地のお田植えに連らなる祭の初めによく見うけるものだ。

神風の伊勢の国は常世の浪の重浪帰《しきなみよ》する国と、古代歌謡に〈神風〉は伊勢の海の枕詞になっている。その理由は明らかではない。だが伊勢、志摩のリアス式海岸の砂原に南の海からやってくる海流が、ここで七重八重の階段状に打ち寄せる景色はいまも素晴しい。ごうごうと鳴る潮騒、潮は霧になって烟り、静かな小さな漁村の幾つかを包みこんで神秘とさえいえる。そして事実この地方は風速やの国でいつも海の彼方から吹荒れている。その海風を避けるかのように、的矢湾の一番奥まったところ、三重県志摩郡磯部町上之郷に伊勢神宮別宮伊雑宮が鎮座している。

伊勢皇太神宮別宮　伊雑宮　御田植神事

日本三大お田植祭の一つといわれている古式の神事は毎年六月二十四日に行われ、注目すべき儀式の数々がある。

この祭りには、近郷近在の農漁民数万人の人出でごったがえす。海の男女の磯の香の匂いが参道一杯にあふれる。

伊勢神宮に次ぐ格式の別宮なのだが、当社の祢宜のいうように祭りは磯部九郷の氏子たちが廻り番で執行するのである。

祭りの始りは型通りの神前の参拝にはじまり早苗の受授、役者の若者早乙女は列を整えて祭場の神田にゆっくり歩き始める。このとき注目すべき光景は、この日のもっとも重要なそして主役である処の〈太鼓打ち〉（男の子が女装している）が、えぶり指、立人、早乙女、ささら擢方、笛吹き方、大鼓方、小鼓方、謡方の行列の最後尾、つまり隊列と離れてゆくことである。〈太鼓打ち〉は以前はきっと適切な名称があったと思われるが、ここでは便宜上〈田姫〉と名付けておこう。この時行列の役者衆が歌う神歌は「ヨメリヤァァ、ヨメリヤァァ」と言う〈嫁入り〉の事である。とすれば太鼓打ちといわれるその田姫のこの渡御は婚姻のための道すじなのである。

神田の正面は黒木の鳥居（桧の皮をつけたままの鳥居）が立ち、正面、一番奥の中央に高さ十メートル程の青笹竹がたてられている。その先端に円形とハート状の〈ゴンバウチワ〉

伊勢皇太神宮別宮　伊雑宮　御田植神事　　三重県磯部町

という刺翳《さしわ》がつけられている。上部の円形には恐らく蓬莱山であろう島に松の木が描かれ、ハート形には太一と書かれた帆かけ舟が描かれている。儀式の前、すでに神田には大勢の裸男たちが泥まみれになって暴れている。泥土のかけあい、観衆にもそれが飛散り喧噪と笑いの渦が泥田の周囲でゆれ、やがて祭りの幕はあくのである。

この頃は梅雨の季節、毎年よく雨中に於いて行われる。だが私が訪れたこの日の祭りは晴天に恵まれ青空が高かった。白いちぎれ雲にとどく程にゴンバウチワは聳えていた。長い網を引くもの、畦の杭の縄を解くもの、立人はこのとき解かれたゴンバウチワで神田

津島神社　祭神・素戔鳥命　牛頭天王社総本社　　愛知県津島市

を三度あおぎ田の中心に向って倒す。待ちかねた泥人形のような裸男たちは、われさきにと突進する。尻もちをつく者、酒に酔い首から泥田に突こむものなどが、青竹にとりつき縦横に引きずりながらゴンバウチワを奪いあい田の中を何回となく転げまわるのである。

この乱暴狼籍の状景は、笹竹自体が男神の蛇の姿を表現して居ると考えられるのではないか。スサノオが「営田《つくだ》の阿《あ》を離《はな》ちその溝を埋め」とある姿そのものである。正に天なる暴ぶる男神が、大地を覆えして来たるべき実りを約束する訳だ。太鼓打ちの乙女田姫こそ、大地を象徴する神の花嫁であり、現在は田舟に乗っているが、昔は泥田の中にたたずんでいたのだと聞いてい

津島神社の男根形の「蘇民将来」のお守り

る。この舟については後にくわしく述べるが、ゴンバウチワに描かれた太一の帆かけ船、すなわち天から神を運んで来た舟が田に降りたことを意味しているのである。この後早乙女と立人の田植えがあり、また田姫を中心にした田楽が行なわれる。そして夕方近く、最後の「踊り込み」が日暮れまで続けられるのである。この踊り込みは、役者、田植え男達のはげしく楽しい手振りにもかかわらずもの悲しい印象を与えるが、それは神の花嫁の死を予感させるのかも知れない。田植え祭りは一般に中世の〈風流《ふりゅう》〉の影響をかなり受けてはいるが、この伊雑宮の御田植え祭りは若干とはいえ、その傾向が薄いようにも考えられる。やはり根本においては古来の田植風俗をしのばせて呉れる興味ある祭と言えよう。伊雑宮の御田植え祭りは男神の狂暴性をよく現し、神降臨からその末路までの道条を物語っている注目すべき祭りである。またいわゆる「あまつつみ」「ながめいみ」の習俗を伝えている祭行事は他にも全国至るところに遺されている。愛知県渥美半島田原町神戸に残る「寝まつり」もその一つである。旧正月、この日村人は申の日は申の刻から黄昏まで、酉の日は午の刻から黄昏まで、門戸を閉ざし灯火もつけず勿論外出もしない。秘祭は神明社と久丸神社の二つの社で行われるが、何が行われるか誰も知らないといい、もし誤ってこれを見た者は病気災難に見舞われると恐れられている。また同県海部郡津島神社スサノオノ命を祭神とする天王社の総本社で、七月、神葭刈《みよしがり》神事、おねやり神事（オービンともいう）がある。夜未明この神社の近くの天王川に人形のお葭さまを神官たちのみによって流される。町の人は忌夜として家のなかにこもるのである。

この〈おねやり〉は出雲大社にもある。儀式は夜にあって神幸が行なわれている途中、若し人に見られた時はまた最初からやり直すのと同じである。昔話で、竜ヶ石と言う話がある。

昔、年長けていよいよ天に帰ろうと思いたった竜が、暴風を起こし雷を伴なって昇天していった。まもなく天に至らんとする時、あまりにもすさましい嵐にこわごわ屋外をのぞいた村人がいた。いま少しだというに姿を見られてしまった竜は遂いに真さかさまに天から落下し、大きな石になってしまった、というものである。神はその姿を見られては困るのであろうか。というより、神が現われる時は人々は皆忌みこもらなければいけないのであろう。

『常陸国風土記』筑波郡の記事にもこんなことがある。

古老《ふるおきな》のいへらく、筑波の県は、古、紀の国（柵を結ってまだ朝廷に服属していない国）と謂ひき。……昔神祖の命諸神たちのみもとに巡り行でまして、駿河の国福慈《ふじ》の岳に到りまし、卒に日暮に遇ひて遇宿《やどり》を請欲《こ》ひたまひき。此の時、福慈の神答へけらく、「新粟《わせ》の初嘗《にひなえ》して、家内諱忌《やぬちものいみ》せり。今日の間《ほど》は冀《ねが》はくは許し堪《あ》へじ」とまをしき。是に、神祖の命、恨み泣きて詈告《のり》たまひけらく、「即ち汝《いまし》が親ぞ。何ぞ宿さまく欲りせぬ。汝が居《す》める山は、生涯《いき》の極み、冬も夏も雪ふり霜おきて、冷寒重襲《さむさしき》り人民登らず、飲食《ものまつ》な奠りそ」とのりたまひき。更に、筑波の岳に登りまして、亦客止《やど》りを請ひたまひき。此の時、筑波の神答へけらく、「今夜は新粟嘗すれども敢へて尊旨《みこと》に奉らずはあらじ」とまをしき。爰に、飲食《おしもの》を設けて、敬《いや》び拝み祗《つつし》み承《つかえまつ》りき。是に神祖の命、歓然びて謌ひたまひしく、

愛しきかも我が胤《すえ》　巍《たか》きかも神宮《かむつみや》
天地と竝斉《ひと》しく　日月と共同《とも》に
人民《たみぐさ》集ひ賀《ほ》ぎ　飲食富豊《みけみきゆたけ》く
代々に絶ゆることなく　日に日に弥栄《いやさか》え

千秋万歳《ちあきよろづよ》に　遊楽窮《たのしみつき》じ
（愛すべき私の子孫の筑波の神よ
神の宮居は高く壮大だ。
天と地と日と月のように永遠に変らず人民たちはこの神山に集いて寿ぎ、神への供犠も豊に捧げられる。来る日来る日に弥栄え絶えることなく千年も万年も人民の遊楽歌宴は尽きない）

とのりたまひき。是をもちて、福慈の岳は常に雪ふりて登臨ることを得ず。其の筑波の岳は往集ひて歌ひ舞ひ飲み喫《さけのものくら》ふこと、今に絶ざるなり。

それ筑波岳は、高く雲に秀で最頂《いただき》は西の峯崢《さか》しく嵘《たか》く、雄《お》の神と謂ひて登らしめず。唯、東の峯は四方《よも》盤石《いはほ》にして昇り降りは峡しく屹《そばだ》てるも、其の側に泉流れて冬も夏も絶えず。坂より東の諸国の男女、春の花の開くる時、秋の葉の黄《もみ》づる節《おり》、相携ひ駢闐《つらな》り、飲食を斉賚《もちき》て、騎《うま》にも歩《かち》にも登臨り、遊楽しみ栖遅《あそ》ぶ。其の唱にいはく、

筑波嶺に　逢はむと　いひし子は誰がこと聞けば　神嶺　あすばけむ

筑波嶺に　庵りて　妻なしに　我が寝む夜ろは　早やも　明けぬかも

詠へる歌甚だ多くして載車《のす》るに勝《た》へず。俗《くにびと》の諺にいはく、筑波峯の会に娉《つまどひ》の財を得ざれば、児女とせずといへり。

これは有名な〈筑波山の歌擢《かがい》〉の話である。これでわかるように〈蘇民将来伝説〉およぴ〈新嘗〉と〈歌垣〉すなわち妻なるものも処女なるものも、この夜だけは他の男に身体を許すという儀式、伝説、習俗との三つをここでは語っている。

いわゆる「新嘗」の神事が、やはり忌みこもりの要素を持っていることもこれによって判明するだろう。一方は五月六月という田植えの季節で、また一方は収穫後の十一月。田植祭りや天王祭りと「天罪」の関係はかなり明瞭になってはきたが、「新嘗祭」及び「大嘗祭」と忌みこもりについてはまだ釈然としない。「大嘗祭」と天尊降臨の「真床覆衾」との繋がりは認められてよかろう。因《ちなみ》に「春の花の開くる時、秋の葉の黄づる折」ともども、男女集まり、歌擢をするということは、ある意味で春と秋に同程度の比重をかけて語っていることが考えられ、「新嘗祭」と対等の位置に置かれるべき春の存住を予想させる。

話を元にもどそう。高天ヶ原を追放されたスサノオは出雲の国にやってきた。

故、避追《やら》はえて、出雲の国の肥の河上、名は鳥髪といふ地に降りたまひき。此の時箸其の河より流れ下りき。是に須佐之男命、人其の河上に有りと以為ほして、尋ね覔《もと》めて上り往きたまへば、老夫と老女と二人在りて、童女を中に置きて泣けり。爾に「汝等は誰ぞ」と問ひ賜ひき。故、其の老夫答へ言ししく、「僕は国の神、大山津見の子ぞ。僕が名は足名椎と謂ひ、妻の名は手名椎と謂ひ、女の名は櫛名田比売と謂ふ」とまをしき。亦「汝が哭く由は何ぞ」と問ひたまへば、答へ言ししく、「我が女は、本より八稚女在りしを、是の高志の八俣の遠呂智《おろち》、年毎に来て喫へり。今其が来るべき時なり。故、泣く」とまをしき。爾に「其の形は如何」と問ひたまへば、答へ白ししく、「彼の目は赤加賀智の如くして、身一つに八頭八尾有り。亦其の身に蘿《こけ》と桧椙《ひすぎ》と生ひ、其の長さは谿八谷峡八尾に渡りて、其の腹を見れば、悉に常に血爛れつ」とまをしき。

爾に須佐之男命、其の老夫に詔りたまひしく、「是の汝が女をば吾に奉らむや」とのりたまひしに、「恐けれども御名を覚らず」と答へ白しき。爾に答へ詔りたまひしく、「吾は天照大御神の伊呂勢《いろせ》（同母弟の意）なり。故今、天より降り坐しつ」とのりたまひき。爾に足名椎手名椎神、「然坐さば恐し。立奉らむ」と白しき。爾に須佐之男命、乃ち湯津爪櫛に其の童女を取り成して、御美豆良に刺して、其の足名椎手名椎神に告りたまひしく、「汝等は、八塩折の酒を醸み、亦垣を作り廻し、その垣に八門を作り、門毎に八佐受岐を結ひ、其の佐受岐毎に酒船を置きて、船毎に其の八塩折の酒を盛りて待ちてよ」とのりたまひき。故、告りたまひし随に、如此設け備へて待ちし時、其の八俣遠呂智、信に言ひしが如来つ。乃ち船毎に己が頭を垂れ入れて、其の酒を飲みき。是に飲み酔ひて留まり伏し寝き。爾に速須佐之男命、其の御佩せる十拳劔（紀一書に天蝿斫劔とある）を抜きて、其の蛇を切り散りたまひしかば、肥河血に変りて流れき。故、其の中の尾を切りたまひし時、御刀の刃毀けき。爾に怪しと思ほして、御刀の前以ちて刺し割きて見たまへば、都牟刈《ツムガリ》の大刀在りき。故、此の大刀を取りて、異しき物と思ほして、天照大御神に白し上げたまひき。是は草那芸《くさなぎ》の大刀なり。

（『古事記』須佐之男命の大蛇退治）

スサノオに関する最もよく知られている「大蛇退治」の話である。このクサナギの劔（別名アメノムラクモの劔）の名称については種々の解釈がなりたって、これといって判然とさせることはむつかしい。そこで諸説を参考にすると、ヤマトタケルが東征の折りに駿河の国において敵の計略におちいり火中に草を薙ぎ切って脱出した縁で名づけたとあるが、

熱田神宮　祭神・天叢雲剣　日本武尊　上図は現社殿とは全く似てない古社殿
名古屋市熱田

それは附会の説であり、鉄・銅の古名〈サナギ〉の意からと言う説が有力になっている。今一説は後述するけれども〈ナギ〉の語意が蛇の一名であって臭き蛇すなわち蛇の剱とする説等があることを附記しておこう。

　スサノオは神逐いの後、出雲に落ちのびてゆき、大蛇退治をした。すなわち蛇神が蛇神を殺す、いわば自分で自分を、または同族神を斬ってしまうことになる。この矛盾はアマテラス神を時の至上神として権威づけ、一方民衆の偉大なる蛇神スサノオ神に敗北神の汚名を冠しようとして、「記紀」編纂者が散らばっている民間伝承を継ぎ剝ぎ切り継ぎをして作りあげた結果であろう。

今日、スサノオ神を祭祀している天王社津島神社が、総本社であるにもかかわらず、延喜式の内外からはずされていることからいっても、多分に政治的な臭いがしてならない。

後、スサノオは出雲に居坐り、とどまった。ところが自分を追いだし、あまつさえ重い首架をはめた憎むべき高天ヶ原にせっかく取得した天の叢雲の劔を奉ってしまう。そして何時の間にか長い時代を経て、尾張の国熱田の社に伊勢神宮の斉皇女倭姫命からヤマトタケルが拝領し、なぜか劔をミヤズヒメに与える。タケルの死後神劔としてここにおさまってしまっていた。このなにか無理に辻褄を合わせたような伝承には、こんないきさつがあったのではないだろうか。というのは、もともとアメノムラクモノツルギは熱田の社に始めから祀られていたもののようであり、後にそのツルギをふるうヤマトタケルも架空の人物と思われる。

それにはまずスサノオを取りまく一連の系譜と背景を考えてみよう。インドの祇園精舎の守護神牛頭天王と、後に混合して信仰されたスサノオ（それはそれだけの似通った神姿の理由からだろうが）を祭る天王社の本社津島神社は（愛知県津島市鎮座）熱田に近く、木曽三川が運んできた中部山岳地帯の泥土で形成された沖積層の濃尾平野のど真中にある。とすれば彼もまた後に語るアメノワカヒコやアジスキとその妻アメノミカツヒメ、伊勢の先住神イセツヒコと瓜二つの出雲のオオナムチノ神の子タテミナカタなどと同様にどこかから飛んできたのだろうか。出雲、熊野、伊勢から尾張、美濃、そして諏訪へ飛び、移動する。これらの神々の異常な行動は、勝者の歴史でなく敗者の歴史を物語っているようでもある。それは類推するに、原始から古代において、日本列島をゆるがすような大闘争があったことを漠然とながら連想させる。ヤマトタケルという架空の英雄が誕生したのはその頃のことであろう。

新興大和勢力の干戈《かんか》が東に伸びて、尾張を手中に収めた。その立役者がアメノカグヤマノ神、ホアカリノ命（尾張氏の祖アメノホアカリノ命は尾張一宮の神として津島より更に北の濃尾平野の中心一宮市に祀られていて征服神としてのたたずまいを見せている）の末裔と称する尾張のハヤタテイナダネノ命とその妹ミヤズヒメであり、彼らによってこの地方は東の国制圧の前線基地となったという想定が成り立つのである。

景行天皇には、オオウスノ命とオウスノ命（別名ヤマトタケル）の二人の子がある。兄のオオウスは弱虫で戦いに及んでいつも逃げ腰である。それを怒ってヤマトタケルが縊り殺してしまう。その殺されたオオウスはヤマトタケルを祭神とする熱田の森の真東、かつてはアユチ潟とナルミ潟といった海浸地帯と沖積層台地を隔てて対峙する猿投山、猿投神社に祀られている。三国山系のここは原始から古代関東甲信越の文化勢力圏の太平洋側における西の果てと目されるところだ。私がいうヤマトタケル架空説には、勿論確かな物的証拠があるわけではない。その寄りどころとするのは兄オオウスを祀る猿投山と弟オオウス即ちヤマトタケルの所持していたクサナギの剱を祀る熱田の森との不自然な関係である。

先にも述べたように、濃尾平野は三重・岐阜・愛知県の、つまり伊勢・美濃・三河山地によって三方から包まれた沖積平野であり、木曽・長良・揖斐の木曽三川により分断されている。滋賀、養老、鈴鹿山系以西は言語上からいっても関西文化圏である。

文化年間発見と伝えられる尾張太古図はよくそれを物語っている。

かつて伊勢の海は内陸部深く喰いこんでいた。そしてなお北方に琵琶湖をひかえて、いまにも日本本島は二個の島にならんばかりの地形であった。すなわち東方と西方の二つの原始日本を仮に想定するならば、伊吹山麓の細い高台地を渡り廊下として双方の人々は往来していたことが判り、ここを国境線としていたに違いない。古代、愛発《あらち》・不破・鈴鹿の日本三大関がこの西寄りの山地線上に設置されたのも、遠く辿ればこのような理由からであろう。

関東文化圏の色彩の濃い三河の国猿投山は際高六三〇メートルほどの山であり、濃尾平野を東より睥睨し、関西の山列と対峙している。この地方の住民が地主神を祀るにふさわ

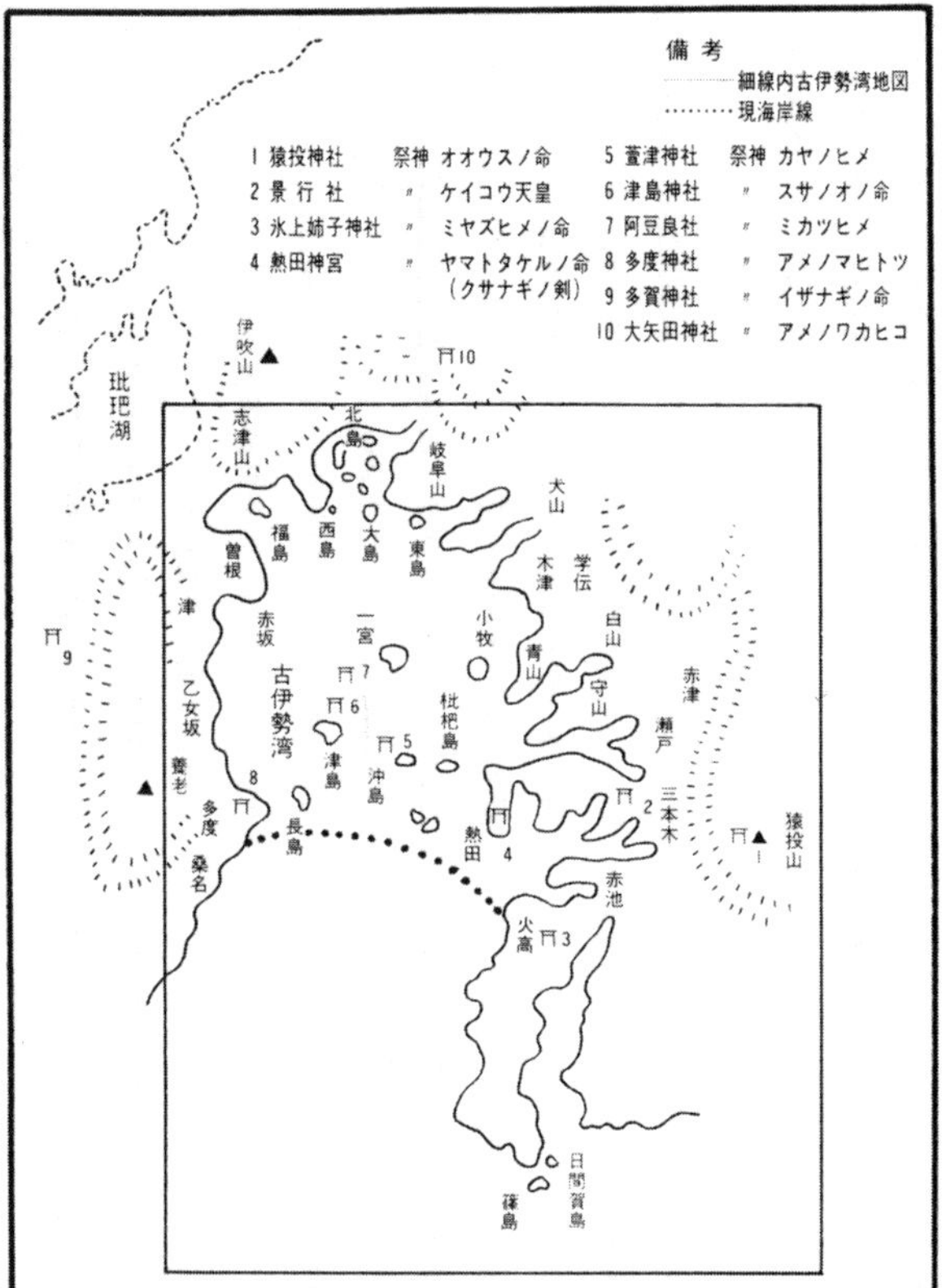

――― 細線内古伊勢湾地図

……… 現海岸線

		祭神			祭神
1	猿投神社	オオウスノ命	5	萱津神社	カヤノヒメ
2	景行社	ケイコウ天皇	6	津島神社	スサノオノ命
3	氷上姉子神社	ミヤズヒメノ命	7	阿豆良社	ミカツヒメ
4	熱田神宮	ヤマトタケルノ命（クサナギノ剣）	8	多度神社	アメノマヒトツ
			9	多賀神社	イザナギノ命
			10	大矢田神社	アメノワカヒコ

尾張太古図　春日井郡・玉井之神社（文化11年発見）

しい容姿なのである。

いうなればオウスノ命のヤマトタケル、クサナギの劒を祀る熱田の森とはまさに雲泥の差であり、かつての両者の力関係は較べものにならないことは一目瞭然である。この一事だけを理由に証拠とし、寄りどころとするには不充分であろうが、こうした事例は他にもある。

征服神と敗北神の奇妙な位置、その気になるあり方の顕著な例は、古代国家統一の主要舞台大和の地にもある。奈良盆地の大地主神オオモノヌシと征服王朝第一代と称されている神武天皇（勿論現在では否定されている）のカムヤマトイワレビコとの位置関係がそうである。

オオモノヌシの祀られている三輪山は、真向への葛城山系の山々とともにそれに伍して奈良盆地を形成する秀麗な神奈備山である。その主神のオオモノヌシが丹塗矢になりセヤタタラヒメを犯した話は前述した。そのセヤタタラヒメから産れた子がホトタタラヒメであり神武のイワレビコの妃になったと記されているのである。神武天皇を祀るその本拠地は、大和三山の一つの小っぽけな畝傍山。土着神としてしか扱われていないオオモノヌシとその住いの山の巨大さとの奇異な対照は猿投山（オオウス）と熱田の森（ヤマトタケル）の不自然な関係を偲ばせる。また政略結婚をおもわせる記事の裏側に、ヤマトタケルとオ

氷上姉子神社　祭神・宮酢媛命　名古屋市大高町

オウスとの関係に似たものを感ぜずにおれないのである。つまりこのような位置関係の不自然さは、それ以前強大勢力であったと思われる高地山岳部族と、弱小勢力であったであろう低地平野部族との力関係の交替。いま一つには西方圏から東方圏への侵略の痕跡を示していると考えられる。とするならばオオウスが果して景行の子であったかどうかも怪しい。いかに骨肉相食み弱肉強食の歴史とはいえ、あまりにもはっきりと敵対した「記紀」の記事、戦列に加わることを拒み、父景行の惚れた女を寝取ってしまう、そのうらには暗いからくりを感じないわけにはいかない。

そしてヤマトタケルに関しては、九州

猿投神社　祭神　大碓命　巴紋の左鎌は火の薙鎌を表わす

征討のときの智略豪胆さと打って変わって東国征討のおりには悲劇の英雄として扱われている。この不自然さは多くの学者も指摘し疑問視している。そして熱田のヤマトタケル、猿投山のオオウスを結ぶ線上の小さな部落長久手村に景行天皇社（景行天皇社は二社あり、一社は九州にあると聞く）がある。これも歴史過程のからくりを暗示しているのではあるまいか。

　ヤマトタケルについての尾張に伝わる記事。

『尾張国風土記』尾張国熱田社

　ヤマトタケルノ命が東国征定をして尾張連の祖ミヤズヒメを娶った。夜中に厠に立ち、持っていた劔を桑の木に掛け忘れてしまった。あわてて取りにもどると〈劔光《かがや》きて神の如し〉それで手に把ることが出来なかったのでミヤズヒメに「この劔は神の気がある。だから斎き奉って吾の形影《みかげ》とせよ」といった。とありこの劔はスサノオが出雲においてヤマタノ大蛇から取得したアメノムラクモの劔であると言う。

このミヤズヒメは、いま氷上《ひがみ》姉子神社（名古屋市大高町鎮座）に祀られているが、かつてヤマトタケルがこの地の姫のもとを訪れたとき全天真赤に燃えたという。そのためこの地を火高の里といったと伝えている。

『日本書紀』景行天皇の条

ヤマトタケルは「身体長く大にして、容姿端正し、力能く鼎《かなえ》を扛《あ》ぐ。猛きこと雷電《いなつるび》の如し、向う所に前なく、攻むる所必ず勝つ。即ち知りぬ。形は我が子、実は神人にますことを」。と、父景行がそう語っているのはヤマトタケルの実体を露わにしているのではなかろうか。

「熱田社伝」天保年間転写本

火上姉子神社　此宮八十五代神宮（功）皇后ノ御時宮簀姫《みやず》命ノ旧縁ヲ追テ祭ラレシ事也。此宮簀媛命ハ乎上与《オトヨ》命ノ御女、御母ハ真布止《マフトメ》命ニシテ、建稲種命同腹ノ妹也、火上ト申テ今ノ大高ヲ在所ニシテ住給ヒシ趣ハ……。神璽神劔モ最初ニハ此火上ノ郷ニ暫在シ故、今ニ元宮トイフ名モアルナラン……此媛君の武尊ニ遇セラレ給フ事、譬テ、イハバ出雲国簸《ヒ》ノ川上ニテ、櫛稲田姫ノ素戔鳥命ニ遇セラレ給フニ同シ。サレバト有テ、小或日或ハ重杵築大、左御向神社垣明神等奇稲田姫也アルニ予シメ擬ヘタルニヤ、地名モ自然ト簸川上イフニ通ヘリ云云

すでにこの頃スサノオとクシイナダヒメ、ヤマトタケルとミヤズヒメの相似に気づいていたのであろう。氷上《ひがみ》と簸《ひの》川上の地名類似に寄せて、これは佐久佐神社・八重垣明神が根拠であろうとか誌している。

ヤマトタケルが詠んだ有名な歌、

嬢子《おとめ》の床の辺に、我が置し、つるぎの大刀、その大刀はや

乙女の床の大刀、それは加茂の乙女タマヨリヒメや三輪山のイスケヨリヒメが床の辺に立てた丹塗矢をそのまま連想させるではないか。

そしてヤマトタケルは伊勢の国能煩野に葬られ、群臣たちが棺を開いてみるとその屍骨は不思議なことに衣だけあって消滅していた。彼は白鳥となり飛翔したのである。そして

白鳥陵　日本武命の墓と称する。「記紀」には伊勢の能煩野にて崩ずとある
名古屋市熱田

倭の琴弾《ことびき》原・河内国万市邑《よろずいちむら》の三個地に留まるけれどもついに昇天して姿を消し、衣冠のみ葬りまつったとある。つまり姿形がなくなってしまったのだが恐らくは始めからなかったのであろう。言うなればヤマトタケルは、スサノオをモデルにして国造りの英雄として逆に再現したものと考えられる。

そのことから考えていくと、熱田の社に祀られていた神はもとはスサノオノ神であったとも考えられ、同時にクサナギの剱、別名アメノムラクモノ剱も最初から熱田にあった、という推論も十分な根拠をもつようになってくる。

ところで、このヤマトタケルがスサノオとまったく類似した大蛇退治をする。それが伊吹山の白鳥伝説の悲劇なのである。

「書紀」によれば、ヤマトタケルはミヤズヒメの家を出て、近江の国と美濃の国との境の伊吹山に蟠居する荒ぶる神を退治しにアメノムラクモノ剱を姫の所に置き徒手で登る。すると山の神が大蛇に化身して道を塞いでいた。ヤマトタケルは、この大蛇は荒ぶる神の使であろうが、主神を殺すのが目的なのであるからこの小妖など捨ておこう、と跨いでなおも先へと進んだ。時に山の神は怒り狂って雲を起こし氷雨を降らし峯の霧は逆巻いて谷間を暗闇にしてしまった。行くべき路は途絶えてついに這いよろばって跋渉するところを見失なったが、それでも何とか脱出することが出来た。物の気に憑かれ酔いつぶれたヤマトタケルは、山を下りそこの泉（ちなんで居醒の泉という。現在の大垣市附近）を飲んだところ、ようやくにして意識が醒めた。がどうしたことかミヤズヒメの家に帰らずに、伊勢の能煩野にいたって崩ずる。

ここでスサノオノ命の大蛇退治と比較して見ると、スサノオはヤマタノ大蛇を毒酒を持って殺してしまう。がヤマトタケルはそれとは逆に大蛇の毒気のために酔い痴れてしまい、薬泉によって蘇生するが結局は殺されてしまうのである。スサノオと同様にさすらい神である。つまり同じ道具立てをもって、裏返しに物語られていることが判る。

このように「記紀」はその目的はどうあれ原神話を変造し、繰返しの術を駆使してあたかも歴史的事実の如くに綴っている。

それはともあれヤマトタケルも九州征伐、蝦夷東征、出雲建討伐の名を借り、スサノオの姿をした彷徨の神の一員であったのである。


「記紀」「風土記」のなかのおなじ姿の神々を探してみると、「出雲国風土記」には〈仁多郡三沢郷〉にオオナモチの命の子の阿遅須枳高日子根《アヂスキタカヒコネ》命の名が見える。この神は、「御須髪八握《つか》生《お》ふるまで、夜昼哭き」言葉が言えなかった。その御子を船に乗せ八十島を巡らせ遊ばせたが哭きやむことがなかった、とある。またあの夫と悲劇の別離をし、稲城の燃えさかる火炎の内で出産したサホヒメ、その子ホムチワケもまったく同じ伝承で語られている。「故、其の御子を率《い》て遊びし状は、尾張の相津に在る二俣榲《ふたまたすぎ》を二俣《ふたまた》小舟に作りて……遊びき」だが八拳鬚心《やつかひげむね》に至るまで物が言えなかったとある。八拳鬚が垂れるまで唖、遊行、この相似は男神の何ものかを知る一つの手掛りである。またアジスキタカヒコネの姿、有様を詠じた歌謡、

天なるや弟棚機の項《うな》がせる玉の御統御統に穴玉はやみ谷二渡らす　阿治志貴高日子根の神ぞ

この歌の意味は、〈タナバタツメ（女神）の頚にかかっている首飾り、その二巻き三巻きの輝く首飾りはアジスキタカヒコネの神だ〉

これから連想する映像は、すでに三輪山伝説を初めとし女神群のところで詳しく語ったはずである。つまりアジスキタカヒコネは女神に巻きつく蛇なのである。八拳鬚が垂れるほど永い年月物語らない唖神、それは物言わぬ蛇の譬えなのであり、青山は枯山の如く泣き枯らし、河海悉に泣き乾す状景は嵐である。神の彷徨い、それが季節風などの去来であろうことはもはや言を待たないであろう。

アマテラスに楯突く、すなわち高天ヶ原体制に反逆の弓を引く神にいま一つアメノワカヒコがいる。彼は出雲の国懐柔の軍使として天降るが美女下照姫に惚れ、妻に娶とり肝心の復奏をしなかった。ミイラ取りがミイラになった彼は度重なる催促にも耳をかさず、遂いに神使の雉、鳴女を天の羽羽矢（天の神の璽）を以って射殺してしまう。その矢は鳥を貫通して高天原にとどく。ワカヒコの謀叛を知った神々は、その矢を投げ返す。反し矢は哀れワカヒコに的中し彼は死んでしまった。

喪山天神社　祭神・天若日子　高天原の返し矢に斃れたアメノワカヒコの墓
岐阜県美濃市大矢田

喪の日妻シタテル姫をはじめ一族が哭き悲しんでいるときワカヒコの友アジスキタカヒコネが弔いに来る。ところで何の理由か死んだはずのワカヒコと瓜二つであった。父、妻一同間違えてアジスキに取り縋って泣く。アジスキは大いに怒り「我は愛しき友なればこそ弔ひ来つれ。何とかも吾を穢き死人に比ぶる」と。ここで非常に辻褄の合わないことに、アジスキの父はオオナムチであり、シタテルヒメはオオクニヌシの娘、「書紀」では顕国玉の娘、ともにオオナムチの亦の名であるからアジスキとシタテルは同母、異母にしろ兄妹の間柄なのである。とすれば見間違えるということは大変おかしな話である。だから神話は解きにくく、またそれだけに神話らしいともいえよう。

腹を立てたアジスキは腰の十掬剣（亦の名を大量《おおはかり》）を抜き、喪屋を切り伏せてしまうのである。

喪屋を切り伏せられたアメノワカヒコは、はるばると山河を越えて美濃の山列の小さな里に今は眠っている。そこは越美《えつみ》山脈がようやく濃尾平野に近づき、春は雪どけ水を集めた板取川が長良川に合流して水量を急に増しはじめる処である。晩春の昼下りなのに奥山の狭間、神社の周辺は何となく異様な静けさがただよっていた。大矢田十数郷の肝入りたち、鉾持ち、弓矢持ち、盾旗持ちなどや神輿担ぎ、裃、鳥帽子白丁の氏子十数人が桧皮葺拝殿前の斎庭《ゆにわ》に勢揃いする頃、神殿深くでは祢宜、頭人の一組が秘儀式を行なっているら

ひんここ祭　初原的な木偶廻しの繰り芝居
クシナダ姫・大蛇のからくりと縫ぐるみ人形　　岐阜県美濃市大矢田

しかった。と待つ間もなくあわただしい足音と、がさがさという衣ずれがして、階段渡り廊下をきしませながら走ってくる。白い絹垣行障を持つ頭人たちが六、七人輪囲いするなかに、低く長く呻吟《うめ》くような、吠えるような「おおう、おおうん」という声がする。水干直垂れの金爛装束を着け頭を垂れ、白布に包まれた小さな木箱様の物を胸に抱えている祢宜の声であった。まもなくその神体は、黄金色の鳳凰を乗せ金泊押しの蛙股、漆塗りの勾欄が照り映えている神輿の中に収められた。そして武

大矢田神社　祭神・素戔鳥命　天若日子
ひんここ祭　天王山を舞台とする大蛇退治

具を揃えた数十人の行列の山降り神幸が蛇行をしながらつづいてゆくのである。

長くつらい冬があけ、まるで檻に閉じ込められていた獣たちが一斉に躍り出たように、里人たちによって年に一度の祭りの花が咲く。ひんここ祭りという奇妙な呼名は村人にたずねても意味が不明になっていて、貧しい農民が悪い金持ちをこらしめたから貧子児祭りと言っているんだろうとか、あるいは日子児だろうとか、意見はまちまちに伝えられている。秋たけなわの頃には全山紅葉で飾る標高六〇〇メートル余りの天王山、その麓であるそこは竜山といい、雑木山の中腹に万幕を張りめぐらせて、スサノオノ命、クシイナダ姫、鍬頭、鍬持ち、種子持ちや土かけ、灰入苞持ち、火種持ち、弁当持ちなど、十三の縫いぐるみ人形（竹を心に頭をつけ、着物を着せた等身大の人形）を操るのである。それは素朴といおうか粗雑といおうか、珍妙な顔、使い古された衣装は千切れそうになって危っかしい作りである。それが何んということはない、幕の向う側からぴょこぴょこと出たり這入ったりするだけの人形芝居なのだが、祭たけなわの頃に躍り出た大蛇をスサノオが出て来てやっつけるという筋書きである。見る者をして微笑ましくさせるこの山里の祭は、操り人形、木偶廻しの初原的なものであり、神祭りが演劇へと移行する一つの例証として見逃せないものであろう。

こんもりとした山腹の窪みの小祠に安置されたクシイナダヒメ、それは真赤な毛を冠った猩々の姿をしている。からくり人形なのだが、それは神体山の化身の姿であろう。その前面にはこれもからくりの滝が流れていて、竜蛇が登ったり降りたりしている。

そしてここでもう一つの重要な、だがあまり目立たない拾い物をした。それは赤い小さな矢であった。それはあの瀬見の小川でタマヨリヒメの陰部を突いたのと同じしごく愛嬌のある丹塗矢が、祭りの終幕を告げるかのように、群衆に向って無数に投げられた。ここにも雷電の火矢がそそがれたのである。

この地にはスサノオにまつわる伝説はないのに、祭りのなかにそれが登場するのは、祭神アメノワカヒコ、その結縁アジスキが類似しているところから、後の時代にスサノオとして転化し演じられるようになったのであろう。

ではいま一つ結縁の神ホムチワケはどうか。それが奇妙にまったく割符を継ぐように重なってくるのである。

物言わぬホムチワケのことを天皇が思い患っていると、夢にこれは出雲の大神の祟りである、この子にその大神を拝ましめよとあった。出雲の大神を拝み還へる時に至って出雲の国造岐比佐都美《キヒサツミ》が大御食をたてまつったところ初めて口を開き、「是の河下に青葉の山の如きは、山に見えて山にあらず。若し出雲の石硐《いわくま》の曽宮《そのみや》に坐す葦原色許男《アシハラシコオ》大神を以ち伊《い》都玖《つく》祝《はふり》の大廷《にわ》か」とはじめて口をきいたのである。長い年月哭きわめくのみで一言も言葉を出さなかったホムチワケがここで語るようになったその理由は勿論、出雲の大神の祟りから解放されたことを物語っているのだが、それればかりではなく自分の類神の神を司祭する祝《はふり》に巡りあったから、それにのりうつったのであろう。

言問いの出来るようになったホムチワケは次に一宿肥長比売《ヒトヨヒナガ》と結婚をする。ところが「竊かに其の美人を伺《み》たまへば蛇《おろち》なりき。即ち見畏みて遁げたまひき。爾に其のヒナガヒメ患ひて、海原を光《てら》して船より追ひ来りき」

この状景は、あのイザナギノ命が黄泉の国でうじたかり頭に大雷を、胸、腹、陰、手足にも火雷、伏雷などに取り巻かれたイザナミノ命の醜い姿体を覗き逃走する、怒ったイザナミはそれを追いかける、という場面を彷彿とさせる。

ヒトヨとは、神の交婚は一夜にして孕むというヒトヨでありそれは前にも述べた。〈ナガ〉とは「長もん」といわれる蛇のことでヒナガは火蛇と解釈すべきであろう。女神が蛇の姿で男神、または男性を追う物語は〈『今昔物語集』紀伊ノ国ノ道成寺ノ僧、寫法花救蛇語〉に記され、歌舞伎によって流布された〈娘道成寺〉の安珍清姫などがあり、後世、多く語られるのだが、それは女神に取りついた蛇体を女性そのものの姿体、本性と見た混乱から始ったものである。蛇に巻かれた女神を見、驚き逃げる蛇神ホムチワケの奇妙なそして不自然なすじがきも、その後世的変化の跡と言えよう。蛇神スサノオが同類大蛇を殺す事件も、内容こそ違え、おなじ過程を経ていると類推できるのである。

ところでそのホムチワケの異伝が『尾張国風土記』逸文尾張吾縵郷《あずらのさと》にある。

尾張の国の風土記に曰はく、丹羽の郡、吾縵の郷、まきむくのたまきの宮に御宇《あめのしたしろ》しめしし天皇のみ世、品津別《ホムツワケ》の皇子、生七歳《みとしななつ》になりて語《まことと》ひたまはず、あまねく郡臣《おみたち》に問はすれども能言《えまお》さざりき。乃《そ》の後皇后《おほきさき》の夢に神ありて告《の》りたまひしく、『吾は多具《たく》の国（出雲の多久川・多久社）の神、名を阿麻乃弥加都比女《アマノミカツ》と曰ふ（アジスキタカヒコネの妃）。吾、未だ祝《はふり》を得ず。若し吾がために祝人を宛てば、皇子能言《あぎと》ひ、亦是、寿考《みいのちなが》からむ』とのりたまひき。帝、神覓《ま》ぐ人を卜へたまふに、日置部等が祖、建岡の君、卜食《うらあ》へり。即ち、神を覓がしめたまふ時に、建岡の君、美濃の国の花鹿《はなか》山に到り、賢《さか》樹《き》の枝を攀《よじと》りて縵《かずら》に造り、誓《うけ》ひて曰ひしく、『吾が縵の落ちむ処に必ず此の神あらむ』

といふに、縵去きて此間に落ちき。乃ち神あるを識り、因りて社を堅《た》てき。社に由りて里に名づく。後の人訛りて、阿豆良《あずら》の里と言ふ。

吾豆良の里は尾張の国中島郡、現在は愛知県一宮市郊外にある。濃尾平野の中心部の小さな部落、そこに吾豆良社が森に包まれて佇んでいる。

神話のなかでどのような秘密が隠されているのか不明だが、スサノオ、ヤマトタケル、アジスキタカヒコネ、アメノワカヒコ、ホムチワケの暴ぶる神、唖神の一群が濃尾地方に期せずして勢揃いしているのである。

以上の神々の装いのなかに必ず伴って現われる物。雷雲、矢、剱、火、蛇、箸、櫛、串、梭《おさ》がある。これらが神にどうして纏わっているのか、その意味は何であるかを明らかにする必要があろう。それが縄文の土器、土偶と大きく関わってゆくからである。

『古事記』上巻、神々の生成の項にタケミカヅチの系譜と生い立ちを記して、イザナギノ命がカグツチの神（火の神）を被殺したとき斬った刀の名をアメノオハバリ（天尾羽張）亦の名をイツノオハバリと謂い、これがタケミカツチの父神である。とすれば雷神と剱の神との関係が密接なことが判る。名義未詳と言われているオハバリの意味も判ってくるのではないか。「記紀」「風土記」の各所にはこの剣や赤い矢の称号にハバと名付けられたものが多く見られる。大羽羽刈《ハハカリ》の剱、大量《ハカリ》の剱、天蠅折《ハヘキリ》の剱、天羽羽《ハバ》矢などがそれである。ところでこのハバとは蛇の古語であることが知られている。

昔、近江の天皇のみ世、丸部《わにべ》の具《とも》というものありき。是は仲川の里人なり。此の人、河内の国免寸《とのき》の村の人の賫《も》たる剱を買い取りき。剱を得てより以後、家擧りて滅び亡せき。然して後、苫編部《とまみべ》の犬猪《いぬい》、彼《そ》の地の墟《ところ》を圃《はたつくり》するに、土の中に此の剱を得たり。土と相去ること、廻《めぐ》り一尺《ひとさか》ばかりなり。其の柄は朽ち失せけれど、其の刃は渋《さ》びず光、明らけき鏡の如し。ここに、犬猪、即ち心に恠しと懐《おも》ひ、剱を取りて家に帰り、仍ち、鍛人《かぬち》を招びて、其の刃を焼かしめき。その時、此の剱、伸屈《のびかがみ》して蛇の如し。鍛人大きに驚き、営《つく》らずして止みぬ。ここに、犬猪、異しき剱と以為ひて、朝庭に獻りき。後、清御原の朝庭の甲申《きのえさる》の年の七月、曽祢連磨《そねのむらじまる》を遣りて、本の処に返し送らしめき。今に、この里の御宅《みやけ》に安置《お》けり。

（『播磨国風土記』讃容郡）

ハハ、ハバ、ハヘ、ハブ、ハミ、ヘミ、ヘビは同根の言葉で「天の十握剱、その名を天羽羽斬とゆう。今、石上神宮に在り。古語に大蛇を羽羽と謂う」と古語拾遺にも記されてある。

雷と剱、箸または赤い矢と蛇の一連の関係はこうして繋がりを持つ。また丹塗矢に犯された女神のその床の辺に置いた矢がこの羽羽矢と同一の物であることとともに、それが川上から流れてくる状景からいってスサノオが見た箸もまた同じ意味を物語っていることが知れようし、一様に女神たちが矢、箸、梭で陰部を突き、神子を出産し、あるいは死ぬということと雷、蛇、矢に深く連鎖しているのがこれによっても理解出来よう。

しかし神の璽《しるし》の証拠はそれだけではない。神の社、神殿の謎の真柱に視点をむけなければならない。

七の章　神体考

わたしは今まで多くの神々のことを述べてきたけれども、現実に彼等が祀られているのは、全国津々浦々の神社においてである。しかし、今祀られている祭神が、古来のその地の神であったかどうか、一概に認めるわけにはいかない。永い年月の間に本当の祭神の名前は忘れられ、代りの神名をもって来る場合は多くあるし、時の為政者によって「神社統制」なる政令が行なわれて、やむを得ず、神を取り変えたこともよくあった。そのような時には、神名だけでなく祭儀までも変更をよぎなくされる場合があり、古式の祭りがあまり交易や人口の動きが激しくない山村僻地に残されやすいのもそのためである。

逆に時の体制に上手に乗った明神大社にも、その祭儀の端々にかなり重要な古態をのぞかせて残される場合がある。

伊勢の神祭りのうちもっとも重要な儀式はいうまでもなく二十年ごとの遷宮である。

がその数ある秘儀式のなかで最初に行なわれ、中心になるのが通常〈心の御柱〉といわれている〈忌柱立て〉神事なのである。長い年月と厖大な人力の費えによって挙行される諸儀式も、この一事のためにあると考えてよい。

　宇治の大内人がもろもろの内人、戸人《へにん》らをひきいて、心の御柱を伐採する神路山の鼓ヶ岳に杣《そま》入りをする。この戸人は神戸の百姓三人が夫役をする。その忌部の人びとの忌斧を

伊勢皇大神宮正殿　床下の御柱は外宮の様式想定図
三重県伊勢市

もって伐り出された忌柱は、本末を山祇《やまのかみ》に奉って宮地を忌鎌にて草を苅り、忌鋤にて掘穿し、祢宜大物忌は忌柱を立て、もろもろの役夫らが柱堅めをする。このとき穴のなかに〈鉄人形　十口・鏡　十面・鉾　十柄〉を埋没するのだが、『皇太神宮儀式帳』に記入されていない物に〈卵　十個〉があり、これも一緒に埋める。秘儀中の秘儀神事であって確かなことはもちろん不明である。

夜中暗黒の神域に林立する神代杉が巨人の影法師のようにおおいかぶさってくる玉砂利の斎場で、あの特有な白装束の神官たちのひと塊りが無言のままに動く有様は、想像するだに不気味な気がする。しかも鉄製人形と真白な卵を地中に埋める。いったいこの陰惨異様な神祭りは何を意味しているのだろうか。――そしてその後このうえに桧皮葺切妻神明造りの白木の掘立て正殿が建築されるのであるが、『皇太神宮儀式帳』によれば〈正体御《み》船代《ふねしろ》一具〉とあって、その船形の正体のなかに寝具が枕とともに二揃え、その他諸道具が整えられて収蔵されているという。また袋のなかに石塊らしきものもあるというのだが、どんな形状かは知らない。寝具のそれはいうまでもなく〈真床覆衾《まどこおうふすま》〉であり、神の夜具の衣である。

伊勢の神が「舟代」の中に寝具を具えているとはどういうことなのだろうか。単に「日の神の子が舟に乗って天、あるいは海を渡っていく」という南方系の伝説にその起源を求めるのは早計であろう。舟に乗って天から下りてくるのはなにも日の神の子に限らないからだ。天孫降臨に先立って、「出雲国の伊那佐の小浜に降り到」る建御雷神は天鳥舟神とともに天から降りてくる。天鳥舟神は他にも天から神を乗せて降りてきたことがあり、神武東征の際登場する長髄《ナガスネ》彦の言うに「昔、天神の子有しまして、天磐船《アメノイワ》（天鳥舟と同じ）に乗りて、天より降り止《い》でませり。号《なづ》けて櫛玉饒速日命と曰す」とある。これは実際には

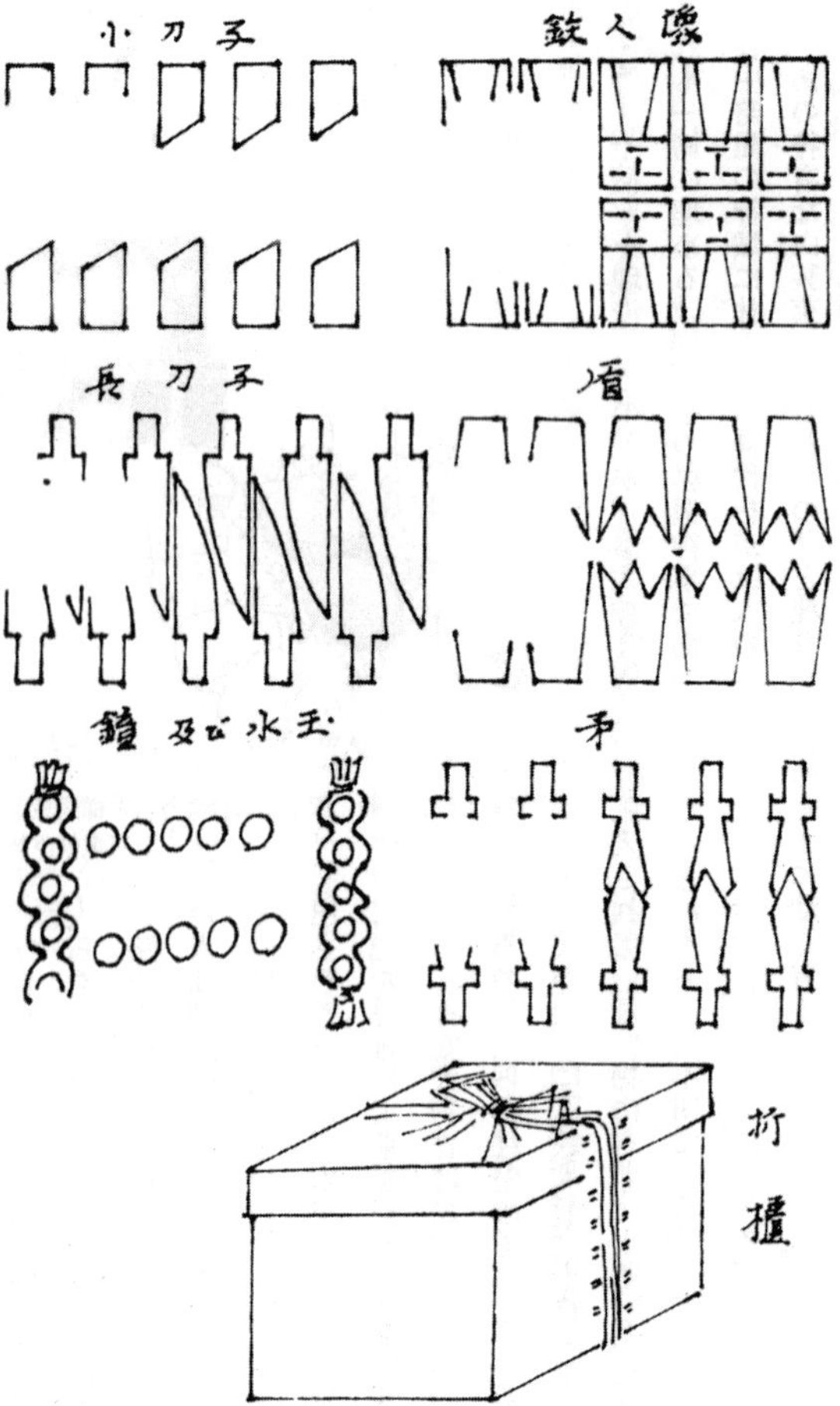

地鎮祭鎮物　「諸祭儀大要」（愛知県神社庁刊）

つじつまの合わない話である。系譜を追って行くとこの神はコノハナサクヤ姫が火中で生んだ三神のうちの一人、火明命《ホアカリ》であり、神武以前に天神直系の大和への降臨があることになるからだ。それはさておき、伊勢の「舟代」が天鳥舟と考えて差しつかえないことはこれで判かる。神体を運ぶ舟は実際富山県婦負郡細入村加賀沢所在の白山社にあり、その近く岐阜県吉城郡宮川村西忍の三つの小さな堂祠にもあるとの報告を受けたことがある。天から下りてくるのはやはり雷神であり、日の神の子とは言ってもそれは天照大神に結びつけた結果であろう。

伊勢神宮にまつわる民譚について民俗学者筑紫申真が『アマテラスの誕生』のなかで、鎌倉時代の僧通海の手記を載せている。

神体を運ぶ舟　富山県婦負郡細入村白山神社

「皇大神宮の神アマテラスは蛇で毎晩斎宮に通ってくる。その証拠に『斎宮ノ御衾ノ下ニハ、アシタゴトニ、クチナハノイロコ(鱗)ヲチ侍』これはどう言うことかと神宮の関係者に尋ねられたが、女のところに通う筈がないと戒めておいた」と。つづいて筑紫氏自身も皇大神宮別宮、伊雑宮について村人や宮大工がこのお宮の神様は蛇だと言っていると聞いて驚いている。この著書はことが国家神道の問題だけに大きな反響を呼んだ。だがこの話を裏付けする記事が「書紀」にも記載されていたのである。

『日本書紀』雄略天皇条

三年の夏四月に、阿閉臣国見、更の名は、磯特牛《シコトヒ》。栲幡皇女《タカハタノヒメノミコ》と湯人《ユニ》の廬城部《イホキベノ》連武彦とを譖《しこ》ぢて曰はく、「武彦、皇女を姧しまつりて任身《はら》ましめたり」といふ。湯人、此をば臾術《ユニ》と云ふ。武彦の父枳莒喩《きこゆ》、此の流言を聞きて、禍の身に及ばむことを恐る。武彦を廬城河に誘へ率みて、偽きて使鸕鷀没水捕魚《うかわするまね》して、因りて其不意して打ち殺しつ。天皇、聞しめして使者を遣して、皇女を案へ問はしめたまふ。皇女、対へて言さく、「妾は、識らず」とまうす。俄にして皇女、神鏡を斉り持ちて、五十鈴河の上に詣でまして、人の行かぬところを伺ひて、鏡を埋みて経き死ぬ。天皇、皇女の不在ことを疑ひたまひて、恆に闇夜に東西に求覓めしめたまふ。乃ち河上に虹の見ゆること蛇の如くして、四、五尺ばかりなり。虹の起てる処を掘りて、神鏡を獲。移行未遠にして、皇女の屍を得たり。割きて観れば、腹の中に物有りて水の如し。水の中に石有り。枳莒喩、斯に由りて、子の罪を雪むることを得たり。還りて子を殺せることを悔いて、報いに国見を殺さむとす。石上神宮に逃げ匿れぬ。

アマテラスが蛇とは語っていないが蛇のような虹（蛇と虹とは語原上関係がある）の下から神鏡（剣であろうといわれている）が出たとあって、言外にその神性を表象しているものと考えてよい。またこの伊勢神宮の話とまったくよく似た記録があの雷、蛇神オオモノヌシを祀る三輪山大神神社にある。

『大神神社史料　第一巻』を抜粋すると、弘仁年間の僧玄賓が三輪山に幽居していたとき、三輪明神が女に化身して庵に数度も対談しに来た。この山の明神は陽神なのに不思議なことだと語っている。

伊勢神宮とは全く逆の伝承である。女神と信じていた神が男になって斎王に通婚して鱗を落して帰る。男神として崇めて参籠していたのに、こともあろうになまめかしい女装で訪れてくる。こうした混乱が起きたのには理由があった。本来、三輪山伝説でも知れるように神は一所一神ではなかった。恐らく女装の三輪山の神とはヤマトトトビモモソヒメかセヤタタラヒメ、またはイクタマヨリヒメの誰かか、三女神すべてであろう。神奈備型の女体山は女神であり天来の雷電が男神である。この二座配偶の構造式が神祀りの始めであった痕跡を以上の話はとどめているのである。そこでアマテラスを女神とするならば「記

出雲大社　祭神・大己貴命　後方は八雲山　　島根県

紀」における伝承の条書ではその配偶神はスサノオであるが、入組んだ神話、歴史の組構は複雑多岐だ。神武東征の折りに、それまで伊勢地方の先住勢力神として蟠居していたと考えられる先きに述べたイセツヒコもまた、スサノオと同じく大和勢力に屈し、雷、蛇神のように天空を電光で真紅に染めて天翔けながら諏訪の国に敗走する。うがって考えるならば、斎王に夜な夜な訪れたのはこのイセツヒコだったかも知れない。

　巨大神殿に住居する出雲の神も蛇性神である。蛇雷神のスサノオの七世孫、或いはスサノオを父神とするオオナムチはアジスキタカヒコネの蛇雷神を子に持っていればオオナムチも蛇雷神であることは必定であろう。事実出雲大社の伝承伝記の多くは如実にそれを伝えている。

出雲の大社は天の日隅《ヒスミ》の宮と号す。神主国造を千家と号す。……又千家の外に別火《ベッカ》と称す家あり。毎年十月四日神事に大社の沖を五十田狭と号するところにあり。此沖十里ばかりに塩焼島とゆう所へ、此の別火夜浪を踏て至り焼塩を取り来り、かわらけにも供する神事あり。此の夜諸人出行を禁ず、……

十一日の神事に錦色の蛇五十田狭に出現すると云えり

（『譚海』巻二）

これを〈竜蛇さま〉とよび神人は遊泳してくるそれを玉藻にうけ曲物にのせ〆縄を張り神殿に納める。

また神紋である亀甲に「有」の字はこの海蛇の背の紋であろうともいわれている。また大社造営の折りに大木に大蛇が巻きつき寄り着いたともいい、松江の城主が神体を見たいと言い神殿に入ると十尋ばかりの大蛇であって畏れおののいて退散したと『雲陽秘事』にある。これらの古伝承を総合して見ても判るように八雲山を背にした巨大神殿のなかに五彩の雲を描き真床覆衾に包まれた神の姿が何者かが想像つくのではなかろうか。なお出雲大社の千家宮司がその著書のなかで伊勢皇大神宮の遷宮の祭儀に供奉した折り神体が〈雲〉の絵模様の〈絹垣行障〉にかこわれていることに注意している。このことは伊勢の大神の実体を知る手掛かりとして重要なことがらである。

その他熊野三山、熱田神宮、上、下賀茂神社、鹿島、香取神社等の名神大社は言うに及ばず辺地僻村にひっそりたたずむ小祠に至るまでこれが同類の神々であることは、祭儀、遺構などによってあきらかであろう。結論的に言えば日本列島の神々はすべて雷と蛇の性を持つ暴ぶる神と、それに凌辱される地母神以外にないのである。それならばそれらの神

出雲大社　本殿に描かれた五彩の雲。
天叢雲の剣の意味との関連

社の社殿深くに安置されている神体も、全て男神か女神を象徴するなにかである筈だ。伊勢神宮の本殿の下に埋められる心の御柱も、本殿の構造とは全く関係がないだけに、神体の体裁を充分もっているようだ。この柱の意味しているものは、それはその神社の祭神の姿を大きく反映していると考えるのが最も妥当な見方である。

伊勢の神は女神アマテラスではあるが、実は蛇の男神でもあることを先に述べた。そうであればやはりこの「心の御柱」も、男性の象徴、男根が大地につきささった姿を伝えているのであろう。出雲大社の大黒柱、諏訪の御柱等、〈柱〉がその神社を代表していることが多いが、やはり同じ意味を持っていると考えてよい。出雲国の肥の河上から流れてくる箸、出雲の沖の海上から流れてくる大木に巻きついた蛇、それらもちょうど瀬見の小川の上流から下ってくる丹塗り矢と同様であった。

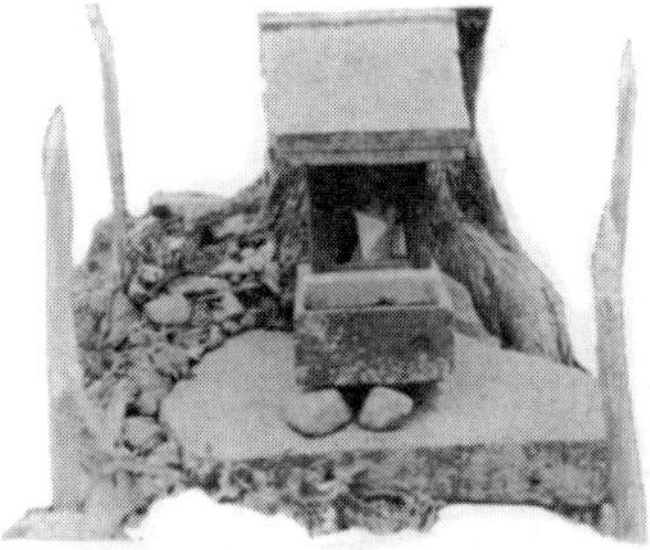

家敷神の御柱　　　諏訪地方

さて神体は勿論すべて柱であるとは考えられない。熱田神社の神体、クサナギノ剣など、剣・石を神体としている所も少なくない。鹿島神宮の神剣などもそのよい例と言える。これら剣についてはすでに男神の所で述べた

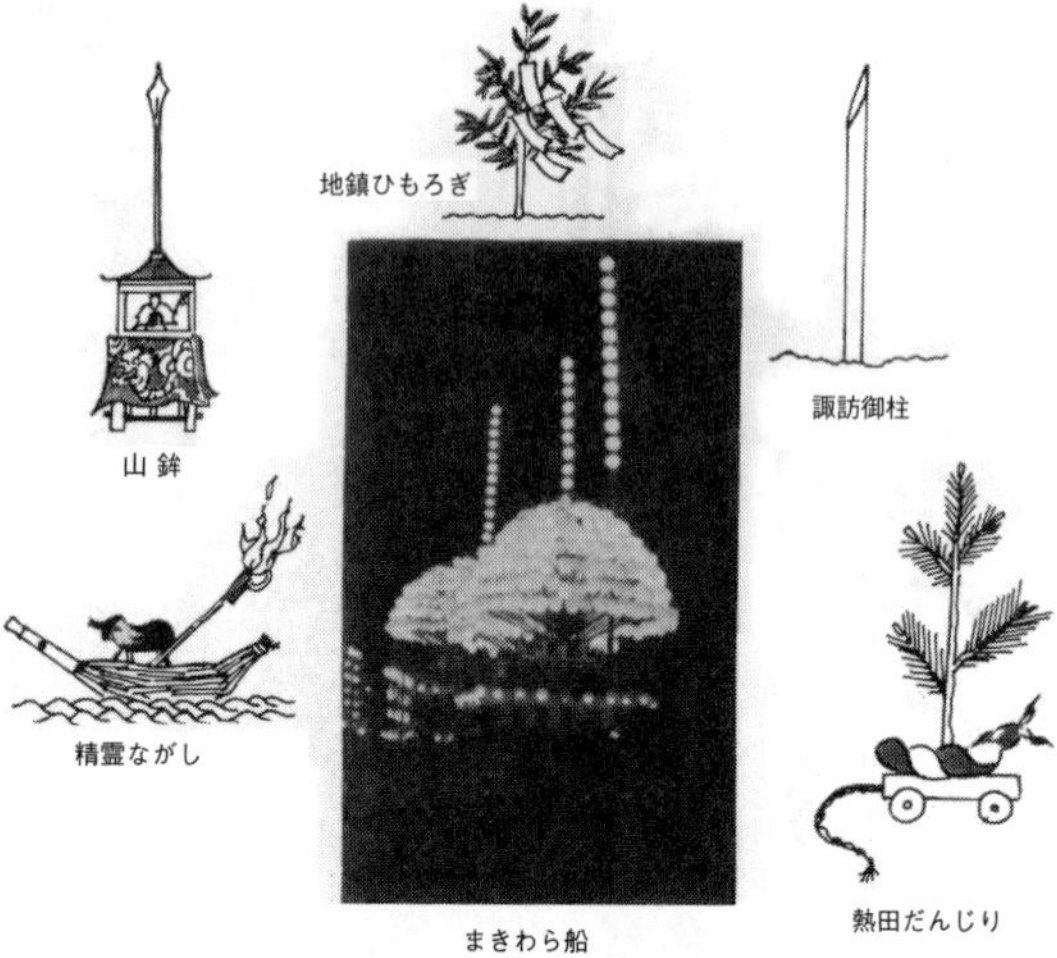

神籬の変遷想定図

諏訪神社上社　祭神・建御名方神

御柱と薙鎌　長野県諏訪市

寺野ひよんどり　　静岡県寺野

つもりなので説明の必要はないと思う。

伊勢の遷宮の際、本殿の扉が開けられた後「カケコウカケコウ」という鶏鳴使の鳥の鳴き真似声が三度唱される。そして次に「出御、出御、出御」と勅使が奏上すると、いよいよ旧殿から新殿へと、神体の御渡りが始まる。内陣の飾りつけは、「あたかも人が寝ている姿」（大場磐雄著『まつり』）であり、この初めのあたりでも述べた通りである。

また篭に入れられた白い鶏が儀式の終る夜明け頃に一声高くときを告げると言う。神官一同はその声を聞き、「ああ神が御受納あった」と安堵すると語られている。鶏鳴によってことが終る。

懐山ひよんどり　　静岡県懐山

それはうがって言うならば男神、女神のむつみの終りを告げる一声であろう。神や鬼が鶏鳴によって夜明けを知り退散する昔話とも関係があろう。

三遠地方、引佐《いなさ》(愛知・静岡県境)の奥山の村、寺野と懐山は天竜川に沿った秘境、戸数わずか四十五戸ほどの隠れ里である。

ここで正月、ひよんどりと呼ぶ田遊び、田楽舞が山間にへばりついたような小さな部落の諸所方々で行なわれる。ひよんどりとは火踊りがなまったものである。

凍結する山懐ろ深くに見え隠れする幾条もの小径が、谷を這い黒い桧杉木立の峠を越え、みみず道のようにつづいている。そのあちこちから黒い兵隊蟻のような村人が冬の日のなかを移動していた。これらの粒粒はやがて一塊の集団となって、神杉の叢林に包まれた小さな赤い社祠の広場に群らがり、小雪のちらつきの内に円座を描いた。ひしめきもなく乱調もなく、静寂に澄みきった空間の一刻に、誰が采配するともない自然の秩序が生まれ、口に南天の小葉をくわえた祢宜や祷人たちの円座は動く。その中心に忽然と現われた一人の白衣の老人が枯渇した手に小鈴を打ち振り、誰にも聴きとれない独白に似た呪言を唇を震わせながら唱えている。笛、太鼓の楽人の濡れた律呂の旋律。薄暗くせまる瀝青のような山々に、ますます降りしきる白雪の乱舞も、茶褐色に枯れた落葉松を揺振る木枯の声も、すべてがこの老いた白衣の司祭者の旋回する舞につれ、あるいは高くあるいはどこまでも低迷して螺線の渦を巻いている。そんな単調なくりかえしの神下しの曲は始りもなく終りもないかのように――紅殻で塗りつぶされた小祠の〈ガランさん〉とよばれる扁平石の苔むす斎庭で祭りはいつまでもつづいていく。

一瞬の跳躍が輪を崩すと同時に赤く黄色い火が凍結した青灰色の土のなかから立ちのぼった。薄汚れた白衣の老司祭が焔をもっている。

けたたましい叫び声、火輪の円座はいっそう劇しく回り、司祭の物の怪だった顔面にも、躍り狂う白衣の上にも、飛び散る火の粉は妖しく照り輝いている。

神の来訪を告げわたる荒れ狂う火の宴に、老いた者も屈強の若者も、女も子供も、すべてがこの洗礼に集えといわんばかりである。

薄暗がりの三日堂。その本尊の前に方一メートル、高さ二〇センチ位の台を敷き、その周囲を十人ほどの氏子が右手に松明、左手を腰にして左廻りをしている。手にした松明を上下に打ち振り声高らかに歌いながら。

巣山下りの七つの滝の中に大蛇が住み候
巣山出口の菜畑で　大根まくらに　葉のかげに
向山の松の木　何をうらみにおろんだ
何もうらみにころびはせぬが　風をうらみに　こおろんだ
山寺の薬師堂で　十二になる娘が子供を産んで　おいためんや　こいためんや
さぞや殿をうらんだ

（ひよんどり古謡）

神楽・万才楽・三つ舞・剣の舞とつづく。

鋭利な真剣の乱舞に、腕に切り創を負って鮮血に染まる者、したたか酒を飲んで獅子頭を冠ったままへばる者、厳粛と狂乱の交叉が展開していくのだが。ここで興味をひく儀式次第は、各番ごとに〈もどき〉が演じられることだ。つまり〈神の俳優〉の後〈人間の神の擬態〉がおもしろおかしく踊られることである。

火能の舞・女郎の舞はそのなかでの中心の舞である。

妖艶な古面をつけ姉さま冠りに紺がすりの着物、猩々緋の真紅の腰巻を淫らに開いた孕み女（男扮装）が腰を前後に振って踊っている。木型のぬめくら棒を手にした男がそれに突きかかる。露骨な情欲の場面にどよめく観衆の輪のなかでようやく神の劇が下火になると、また冷気とともに山狭の里は静寂の時刻をつくる。神祭りは終った。

くどくどと繰り返し、雷だ、蛇だ、やれ赤い矢だなどと書いてきた。本人でさえわずらわしいことこの上ないのに、読者はなお更のことであったろう。だが本書のやま場はこれからなのである。神劇の舞台に続いて、このあとなおも妖気のただよう混迷の土器、底なしの空洞へと這いりこむのである。しかも私の一番苦手とする順序だてた学問的説得に頼らなければならない。

八の章　縄文は語っていた

ときにいまわたしの眼の前に数片の縄文土器がある。それには上縁部に渦巻き施文のあるもの、また鋸目文のギザギザ、沈線や蛇行文が下垂しているもの、器面の周辺には鋭い篦描きの斜線が走っている。これらの破片は一見何でもない、きわめて普通の縄文の土器である。だが、これが子供がよくやるパズル遊戯のように、掘り出した泥まみれの残片を、想を練り、完形復元をしたとしたら、それは誰しもが不思議な魅力に圧倒される妖器に変身するのである。

奇怪なこの絵文様。誰一人読みとることはおろか、文字なのか、それとも単に模様なのか、その糸口さえもつかめず、ただ遠巻きにして眼を見張っているばかりの謎の土器。

ここには何千年という歴史の空白と人間の断絶とが横たわり、現代を寄せつけないでいる。

言うまでもなく、これを手作り、これを使用した人びとは、この文様により何かを伝達しようとしたに違いなかった。

未開の文化を解明してゆく興味に掻きたてられて多くの人びとが、いまもってそれを見すえているのだが。

とにかくこの血の匂いのする素焼きの器に、日本の、果ては人類の始原の思想が塗り込められ、形造られているに違いない。

縄文土器最古のものは現在のところ、長崎県福井洞窟第三層出土の細石刃を伴なう隆帯文土器をはじめとして、ほぼ同時期の愛媛県上黒岩岩陰第九層出土の細隆線文土器などがあげられている。いずれもカーボン14の測定によれば一万二千年前という数値が出ており、日本最古の土器は文字通り世界最古の土器であることになる。最古とされる細隆線文と隆帯文の後に続くのがそれぞれ九千年代の古さをもつ爪形文、押圧縄文、撚糸文などであり、このころになるとそれぞれの主要分布圏をほぼ分けてくるようになる。

それに対して土偶の発生は縄文早期中頃の花輪台式にまでさかのぼることができる。しかしある意味ではこの土偶は年代的にも地域的にも孤立して居り、早期の土偶についての論究は今のところ行きづまっているのが実状である。今後前期中期の土偶との関連は充分考えられねばならないのであろう。ところで土偶より以前、前記上黒岩岩陰第九層の細

縄文土器の残片　尖石・井戸尻・飛驒小坂他出土

変幻の土器

隆線文土器に伴なって出土したものに岩偶がある。全部で四体あり、その内の二体は明らかに女性像であることがわかっており、土偶に先行する偶像として大いに注目されている。日本最古の土器と偶像が同時期に認められるとはいったいどういうことなのか。単なる手なぐさみでないことは当然である。更に同じく第六層からも同質の緑泥片岩で作られた類似の岩偶が出土しており、文化の連続性と岩偶の意味しているものの重要性が推察し得るのである。どちらにせよ土器と偶像の関係は今まで我々が考えていたほど浅いものではなさ

渦巻文様と縄目文の甕　縄文中期
宮城県東宮貝塚

尖底深鉢　縄文早期
北海道トドホッケ

口径部に渦巻が突出した甕　縄文中期
新潟県馬高

円形渦巻を飾る甕　縄文中期
長野県尖石

そうだ。

縄文時代は土器の上限を一万二千年とすると、晩期の終焉に至るまでゆうに一万年近くの歴史を持つことになる。人口密度は稀薄で交流も緩慢な社会とはいえ、長い年月による文化の変遷展開は多岐多様に咲き乱れている。

わたしたちがいまこの先史の素晴らしい遺物を眼の前にするとき、何といっても絢爛豪華な器体装飾が眼を奪い、言いようのない熱気が身にたぎるのを覚える。それは呪物の霊気が幾千年の後までもたちのぼるのか、それとも人間の飽くことのない執念の造型が土塊のなかに火叢《ほむら》となって閉じ込められているせいなのか。現代の人間では到底考えられない奇形と華麗さが、見る者をして妖しい原初の空間へとのめり込ませる。それは何処から手がけたらよいのか皆目踏み込む余地のない、まさに渦巻の神の嵐である。

縄文時代は周知のことではあるが、早期・前期・中期・後期・晩期の五つに大別されており、また各々が地域ごとに多くの形式に分類されている。昭和初期山内清男によって開拓された編年研究は、単に縦に連なる形式の連続から、文化の地域的な関連の尺度にも活用されるようになり、縄文期の各時代の文化圏把握に一つの糸口を提供してきた。しかし山内清男以来四十数年を経て来た編年研究は何故か不可視の壁にぶつかりつつあるようだ。形式の決定には様々な手続が要求される。施文・器形・胎土・それに当然のこととして層位の確認等々であるが、それによって今日までに確認され、ある程度一般化しているものを概観してもかなりの数にのぼり、考古学者以外の者には緻密さを超えて煩雑さしか目に映らない場合さえある。さらには一つの不都合が常につきまとっている。それは例えば形式確認の重要なメルクマールである施文と器形が常に同時期に変化するとは限らないからだ。つまり器形は変化しても施文方法は大して変わらない場合、またはその逆の場合が度々あるわけである。それでもなお各々一形式を設定したとすればどうだろう。今日の縄文研究が縦にも横にもそのものさしをあずけている編年、あるいは個々の形式が、自ら矛盾を内包しているとすれば今後の縄文研究に想像以上の混乱が訪れること必定だと私は恐れる。それを考えるとき我々は今新たな確認を迫られていることを知る。つまり文様は文様として、器形は器形として把えねばならない。そしてそれら二要素の関わり方の具体的な現われが現実の土器そのものであるということだ。少しく補足すれば、様式というものがある。つまり、煮沸・貯蔵・供献等の生活に或る程度必要な容器のセットが一時点、あるいは輪郭をもった地域内で把握し得るものが様式であり、このような見方を様式観と言う。むしろ様式観は縄文の後に来る弥生時代、土師器等に基本的に用いられている編年の尺度であるが、勿論縄文期にも無関係ではない。と言うより施文方法と器形の二要素を方法的に分割し得ない縄文研究者のとまどいが、様式観の根本的な活用と真の文様論の発生を拒んでいるのではないだろうか。私はこれから主に文様の面に目をつけて考えて見たいと思っている。縄文土器に施された様々な文様が単なる飾りとしてでなく、またありふれた伝統としてでもなく、幾千年も手造られてきた意味の外郭だけでも明らかにしていきたいと思う。

ここに一つ重要な意見がある。これは文様と器形との二要素分割に関する有力な助言でもあり、さらには文様がいかに「縄文の神」と密接に関係しているかを証明する根拠ともなり得るものである。江坂輝弥著『土偶』の中で同氏は、青森県亀ケ岡遺跡出土のいわゆる亀ケ岡式土偶、及び関東の中期末加曽利E式土器に伴なって出土した土偶に関して、それらの土偶に施文された文様が後続する形式の文様に類似していることに着眼した。そして続けてこう述べている。「土器の文様の流行が土偶につけられた文様から発展したもので、同一の文様が土偶においては一形式前に見られるというような事実があるとすれば、たいへん面白い問題であるが云々」（傍点引用者）。勿論同氏は「今後の資料の増加を待って確認したい」と述べているが、これがはっきり確認されれば今まで以上に文様の信仰にて与える意味性が明確になると言える。私はその確認を待たずに以後、文様と縄文時代人の信仰との関係を論じようと思う。多少横暴とも思われようが、実は他にも様々な根拠を所有していると自負しているからである。

土器に施された文様の発生については一般的となった定説がある。すなわち装飾のためではなく器面調整の副産物として、後には運搬のひもの滑り止めとしての存在理由である。早期に使用された器形が主に尖底土器であることは広く知られているが、一見不自然に思われるこの器形が、早期の放浪採集文化における運搬具としてはかなり重宝されたことはたしかにうなづける。そしてその上部すなわち口縁部に滑り止めのための施文、時には紐をかけやすいように段をつけたものも早期後半には見られるようである。しかし決定的なことを見逃してはいないだろうか。確かに早期の初めの細隆線文は土器の表面を指頭などでならした時に出来る隆起線であり、後の撚糸文・押圧縄文なども器面整形に役立つであろうし、時がたてば紐がかけやすいという機能も発見される可能性をもっている施文である。しかし一方では例えば隆帯文などはほとんどが口縁部のみに施こされていて器面調整には適当でない。一応紐の滑り止めになることは認めても、今一つ爪形《つめがた》文になるとそのような二様の機能を全く活用し得ないのである。爪形文土器は新潟、群馬以西の広い地域に分布しており、これを有する文化圏（？）の比重は決して軽視できないものがある。このような事から私は実は早期の初頭、草創期と言われる時期に現われた文様はすでにある意味を持った装飾、言いかえれば造形的表現であると考えるわけである。土器を初めて手にした人間がそのような意識を持っていないという保証はどこにもない筈だ。むしろ前述した様に上黒岩岩陰遺跡の最古の土器包含層である第九層からは岩偶が出土している。太古の人々は一万二千年も以前に自分達人間以外の「神らしきもの」に目覚めているのだ。硬い緑泥片岩に神を刻み込むことを知っている彼らが、やわらかい土器面に意識的に表現を施すのはわけのないことである。機能し得ないものを無理矢理機能的に解釈するのではなく、よりもっともな要因に目を向けるべきである。ヨーロッパでは新石器時代に至る数万年間クロマニヨン人が洞窟に素晴しい絵画を残していた。その上クロマニヨン人以前には、ネアンデルタール人がすでに自分達の仲間の死を悼んで丁重に墓に葬っていたではないか。日本の早期縄文時代人が土器を製作すると同時に、その器面に何らかの意味を持つ装飾を施したとしても、不思議がる理由は全くないと私は考える。

そこでもし装飾を施したとすれば、それらは一体どんな意味合いを持っていたのであろうか。実はこれからが本論の主要眼目につながるのである。

早期の爪形文の装飾性についてふれてみたが、はっきりと飾りとしての性格が現われて来るようになるのは早期末葉に比定できよう。上黒岩遺跡第四層からは十体以上の人骨とともにイモガイ、タカラガイ等も出土していて、これらの貝類が既に装身具に使用されている事が知られ、また中部山岳地帯から関東地方にも発見例があり、当時早くも何らかのそれもかなり具体的な価値観が存在していたことが判る。これら装身具の流行と土器文様の装飾性が平行しているのは興味ある事実と言える。例えば早期末の茅山式土器・奥羽地方室浜式土器に施されていた人面等、尖底から平底に移行する時期に、それまで輪郭もなく器面をただとりまくだけであった施文が形をもった文様として現われてくるものがある。具体的な形をもった文様は多くの様々な文様を導き出す糸口となる。そのようにして前期に至る頃には多様な文様が土器面に表現されるようになった。勿論器形が平底に変化すれば土器の安定度も増し、それが土器の用途を倍加させ、文様の可能性を拡大させたという要因も重要視しなければならない。早期に比べて器形も文様も多様化した前期には、特に関東に発達した羽状縄文等の施文法が発展しており、前期初頭花積下層式から見られる。後続の関山式系土器は様々な文様を造り出していて、口縁部付近に渦巻状文が沈線で描かれているものもある。これなどは渦巻文発生初期のものと思われる。その後黒浜式において半割竹管による施文法が始まり、前期後半諸磯各式の文様の素地を造りあげた。前期から中期に向かう各形式の土器文様は目を見はらせるものがあり、特に中部から関東中心に分布圏を持つ諸磯各式及び十三坊台式、富山付近を中心とする朝日下層式土器は中期の中部山岳地帯の、縄文文化最隆盛期を保証するかのように花開いている。つまりこの頃になって土紐を複雑にからみあわせた渦巻状の把手が土器口縁部のさらにその上に、突き上がって来るのである。

早・前期を駆け足で通り抜け、いよいよ中期に突入という次第なのだが、一つだけ先走りして述べておかなければいけないことがある。中期半ば特に中部に発達した藤内Ⅰ・Ⅱ式、井戸尻各式、それらに平行する関東の勝坂式、中期末葉曽利各式、および新潟県に偏在する馬高式土器の異常さは、特長のある縄文中期の中でも殊に光っている。井戸尻の水煙土器群、馬高の火焔土器群はこれらの内の最右翼ともいうべきもので、口縁ははるか上方までもつれながら上昇している大把手、高く上昇したかと思えば一気に下降する肉厚な貼り付け文の下垂線、停まる所を知らずどこまでも続いてきりのない渦、渦は渦を呼び今にも土器であることを忘れさせるほどのダイナミックさ、一つの土器が他の土器を揺り動かし、周りの土器全てが共鳴し合って轟々と鳴り響いているようだ。それにしても縄文中期の中部地方は、何と喧しいことであること

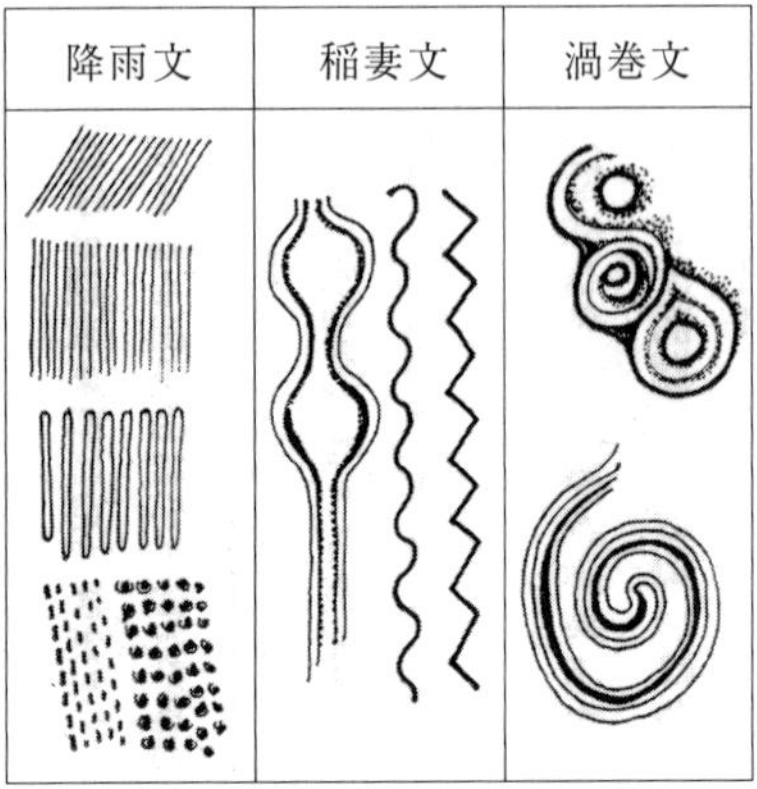

縄文土器主要施文分類図表

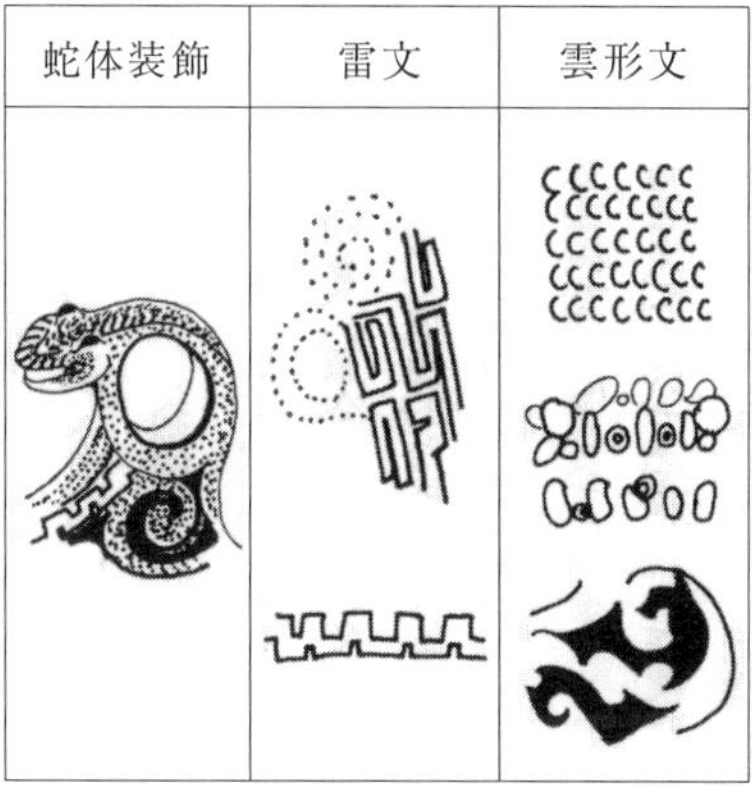

縄文土器主要施文分類図表

か。その他にも蛇、マムシを特に素材にした勝坂式、幾段にもくびれを持ち肉感的な藤内式土器、これら全て器形を無視して、文様・土紐等の装飾が、我こそ本命なりと言わんばかりに手造られているのは何故であろう。

土器は容器の筈であり、内部に何かを入れて用いるのが本来の姿ではないか。文様・装飾がこれほどまでに増殖し、器形をも変更させていくとはどういうことだ。そんな疑問など、甘いとばかり一蹴して私達を萎縮させてしまうのだ。語らねばならないと言ったのはこのことである。先程も述べた通り、土器の機能は物を入れるのみに停まらず、それを無視してまでも指し示そうとする何か特別の意味があるということだ。文様は解読されねばならない。

縄文土器の文様解読、それは私にとって器面の「絵解き」である。早期から晩期に至るまで、それぞれの土器の前面・側面・裏面を展開して一枚の絵のように見る方法、あるとき、ふとそんな方法を思いつき、画用紙に模写してみた。このようにして見ると一つ一つの施文の関わり方、及び施文の方向を明確に知り得るし、全体から立ちのぼるイメージもまとまってくる。

先ず手はじめに渦巻文を拾ってみた。先述したごとく渦巻文は前期の前半期に器面に表わされるようになった。早期初頭から一貫して装飾的文様は土器上部に集中しており、その施文が曲線的に変化し始めた頃渦巻文が発生してくるといってよい。一度姿を現わすとそれは様々に変化を始め、ついに中期に至って、土器口縁部を通り越し大形把手へと発達していくのである。前期末頃、関東から中部に及ぶ諸磯A・B・C式土器等には、口縁部に様々な突起をつけたものがあり、把手に至る前段階を見せている。中期の把手は口縁部の単なる張り出しでなく、また把手とはいうものの把手の機能は余り期待できそうにもない。結局は渦巻文やその他の文様が器から外へ跳び出してしまったものである。中期についてはもはや説明するまでもない。それらの土器の上部には渦巻きが巻きに巻いている。中期と後期の境界は大してはっきりしているわけではない。しかし漸次社会的変動が進行していき、その影響は文様の上にもかなり明確に反映している。当然のように文様は簡略化してゆき、施文法も沈線文が多くなり、地文の縄文を線で区切って残し他は消し取ってしまう磨消縄文等、消極的な施文方法が一般化してくる。そのような文様の一大危機にあって渦巻文はどうなったのだろうか。壮大さ、力量感は失なわれてしまったけれど、後晩期にもやはり土器上部に渦巻は施文されていた。

さて渦巻文に続いて、形状から言えば上部から下に向かって施されている各種の文様、いわば下垂線を取り上げてみる。しかし下垂線といっても取りつく島がないが、上部から下降する流水状文、鋸歯状ギザギザ文、または直線の貼り付け文など多様にある。このような下垂線は特に形式的に発達するということはない。早期から晩期にかけて常に見出される施文である。この文様は時には器面の縦の区切りのために施こされる場合があり、目に止まらないようであるが、他の施文が平行的に走っているのを垂直的に補なうものとしてである。しかし中期のそれは、やはり流動性をもって器面をつつんざいている。中期末関東を中心に栄えた加曽利式土器は中部高地の加曽利Ⅱ式土器と同様に懸垂文が特徴である。この頃の下垂線は中期中頃の流水状文の形状を受けつぎながら、必ずと言ってよいほど上部に渦巻を伴なった懸垂文として表現される。このような懸垂文は後期前半堀ノ内Ⅰ・Ⅱ式にも踏襲されるが、やがて沈線文によって描かれるようになり形骸化し始める。下垂線として挙げられるものはこの他にも蕨手状文、雷文、その他があり同一範疇に加えられる。

今一つ、それは地文としての縄文・撚糸文・押型文・条痕文各種及び器体全面において下降する施文である。前記の下垂線と混同しないでもらいたい。先の下垂線は地文とは区

実物体と平面換置法による対比図（1）
縄文中期加曽利Ｅ式　長野県平出

別されており地文と別の形状をとっているが、ここで述べているのは地文、あるいはそれに準ずると考えられる下降線及び斜線なのであるから。

私は今まで形のある文様を見てきたわけであるが、例えば縄文・撚糸文等のように縄文早期初頭九千年代にまでさかのぼれる施文を今さらながら取り挙げたことについて説明しておこう。縄文時代という、時代の名称にまでなっている縄文とは何かと問われたならば、おそらく土器面に多く縄目の文様が付けられていて……云々と述べるであろう。弥生式土器にも施されているものがあって、それも加えれば約一万年にもおよぶ永い間、先史の人々によって用いられた縄目は、一体どんな意味をもっていたのだろう。早期初頭には器面調整として利用されたとしても、何の理由があってその後一万年も使われる必要があったのか。その他の地文、同じく早期から現われる押型文、条痕文も同様である。そしてこれらの地文はおしなべて下降の態をなしている。

主に三つの主要な施文を取り出して見たのだが、その他の施文はこの三種の変換・発展・混合のいずれかであろうし、時にはそれらの引き立て役としてでしかない。

この土器から取り出した三種の文様のうち第一の鍵、渦巻形から考えてみよう。

それには縄文人たちの造形思考を類推してみなければならない。何故なら現代のわれわれのように目まぐるしく移り変わる機械社会、複雑な人間状況から創造される芸術と異なると考えられるからだ。一見われわれ現代人以上に複雑と見えるこれらの文様も、現在に至る実は長い時間による思想の断絶からに他ならない。ごく単純な発想、在るものから在らしめるといった、つまり目で見たもの、手に触れたもの、を形象するという思考方法であったと思う。

「神」を誕生させた意識もそうであった。とするならば、文様もまた大自然のなかの具体的な何かであったはずである。

太陽と月と星、大空に湧く雲、吹きぬける風、四季とりどりの草樹、そして咲く花、山野と、海河、そこに群る鳥獣たち、そして火など、これらのなかで渦巻くものは何か。それは流水の紋か、雷雲、火炎しかない。この三つは至近関係にあるのだが、やはり自然現象のうち、もっとも上部に位置する雷雲をとるべきであろう。

では第二の鍵、ギザギザ文（鋸目文）と流水文は何だろう。賢明な読者はすでに私が何何を言いたいかを理解されているだろう。それは第一の鍵の渦巻文を雷雲と仮定するならば、この施文はかならずそれと連続し下降線を描いているところから見ても、稲妻の火尖であ

実物体と平面換置法による対比図（2）
縄文中期加曽利Ｅ式　　長野県尖石

ることは明瞭ではないだろうか。

第三の鍵の無数の垂直線、斜傾線、地文の縄目文などの粒痕は、いわずもがな、激しい降雨の状態を示しているのである。

ではいま一度この三つの鍵を元の位置にもどして、くどいようだが理解を深めていただこう。

渦巻文、下垂線、それに下降する地文。私は土器文様を絵として見ると約束した。具体的な器面の全体像を思い起こしてみれば、上方には渦巻が幾重も重なり、その中から下に向かってあるいは力強く鋭い、あるいは流麗に流れる下垂線が、周りに細かい粒のような縄文等の地文ともども器底部に向かって落下している。

そう、まさしくそうである。縄文は雨である。太い鋭いまたはギザギザ鋸目のような下垂線はカミナリだ。イナヅマだ。そして言うまでもなく渦巻文の表現するものはイカヅチを吐き出す雷雲ではないだろうか。何とこれほどまでにテーマの統一された展覧会を今まで見たことがない。

数年前長野県の八ヶ岳山麓にある尖石考古館を訪れて目にした大甕・深鉢は、広大な八ヶ岳の裾野の風景をそっくりそのまま絵にしたような雄大さを持っていた。それはまた八ヶ岳の南麓富士見町所在の井戸尻の土器についても言える。これら大器の器面に描かれたのは縄文絵画の最高傑作なのである。広々とした原野に滔々と降りそそぐ雨、幾条も幾条も絶えまなく落下するカミナリ、天上には雷雲が群をなす。また特殊な文様であるが、藤内式・勝坂式等に特徴的に存在する蛇・マムシは記紀神話その他の説話に繰り返し登場する蛇と同じである。つまり土器の口縁に渦巻く蛇体文として、また下方をうかがって今にもとびかかろうとする下垂線、すなわちカミナリの象徴としてそれは表現されているのである。このようなテーマがどうして縄文人たちに選び出されたのか、およその見当はつく。雨の重要性を感じていたのはなにも農耕民だけではない。水辺には食糧となる木の実・草の実が生い茂り沢山の獲物が集まって来るのを、誰よりもよく知っている狩猟採集の民が雨の恵みを重んじないはずがない。時に襲ってくる日照りの恐怖、かと思えば大洪水となって全てを押し流してしまう非情の雨。現代人が想像する以上に彼等は雨を畏怖、願望していたことだろう。天と地を直接つなぐ雨は、そのまま天地性交の場面を想い描かせるに足る。低く垂れ下がり、山岳を呑み込み渦巻く雷雲から、一瞬大地につきささるカミナリ、それは偉大な天の象徴でもある。それら全ての天変地異が彼等に単なる災禍のみでなく、恵みを与えてくれることを人々は知っていた。破壊と創造、対立する二つの現象が縄文人の意識の中では一つに溶け合っていたと言えよう。

ところで、このような絵画をどうして容器に施さなければならなかったのだろうか。それを考える手掛かりを他の遺物に求めてみよう。晩期初頭、関東地方では安行Ⅱ式頃の遺跡から発見される土製品に土版というものがある。明治初年に来日し、日本に考古学の風を吹き込んだモース博士が大森貝塚の調査の際発掘した土版が出土例第一号である。土版とほぼ同様の目的で使用されたと思われる岩版は、早く前期中頃円筒下層式ｂ類土器に伴出した秋田県下茂屋遺跡のものがあり、同遺跡からは岩偶も出土している。しかし前期以降中期・後期の遺跡からの出土例は余り聞いていない。やはり土版同様、晩期に至るとかなりの例が知られているのはどうしたことであろう。ちなみに岩版の分布するのは今のところ奥羽地方が主で、土版は奥羽地方から関東地方にかけて出土している。晩期の岩版と土版はそこに施こされた文様、及び全体の形状の上からかなり類似している。土版・岩版に施こされている文様は土器の文様の凝縮されたようなもので、同じ晩期の土器面に表わされている施文に比べるとより装飾的である。つまり土版・岩版は後晩期の器面装飾の衰退と反比例していて、文様のみを器から切り離してしまったとみることが出来る。先述した土器面の施文解読をこの土版・岩版に適用して見ると、まぎれもなくそれらの文様の意味するところが判明してくるのである。土偶については後で中心的に扱っているので詳しくは述べないが、土版・岩版の内には顔面が上部につけられているものもかなり存在していて、ある意味では土器面の文様の意味と土偶のもつ信仰とを連結させる接点とも言え

銅鐸　弥生中期　出土地不詳

二人の人物を配した銅鐸　奈良県石神

る。また後期・晩期になるにつれ土偶の発見例が飛躍的に増大し、同時に土偶に表現されている文様が土器面のそれに比して手がこんでいることは土版・岩版と同様である。このことはかなり重要なことを教えている。前期・中期において信仰面と生活面は分割できないほど密接であったのが、後期・晩期になって各々が分離し始め、信仰面での体裁がかなりはっきりとしてくるということである。これも後に述べるつもりであるが、晩期になると祭場としての環状列石群が居住地とは離れた場所に設けられることも、それを指し示す根拠になっている。

このようにして文様というものが重要な、縄文人たちの信仰の表出の産物であるということがわかったと思う。前・中期における土器は明確に天の破壊力、地の生産力を器面にとり込んだものであり、器の中に盛れられた山の幸、海の幸をより充足せしめさらに多量のエネルギーを発散させるためのものであった。

土器の文様は別として、永らく信仰的に昇華してきた意識はそう簡単に消滅するものではない。縄文時代に続く弥生時代にもやはりその痕跡は残っているはずである。

弥生期の不思議な遺物、銅鐸。この銅鐸の施文解明に画期的な提起をしたのが藤森栄一である。鐸面に描かれた流水文、上部鈕手の部分から下降する雷文。それにいくつにも区画された面に表現されている水辺の動物等、それは全てが水とつながりをもつものばかりである。氏はその著の中で解明の瞬間、「水だ。水だ。銅鐸は水だ」と怒鳴っている。まさしくそれは水なのだ。連続渦巻文、双頭渦文の雷と雲とが、天空より撒きちらすどしゃぶり雨が鐸面全体を覆っているのだ。そしてそれはじつに縄文土器の深鉢にも一万年も九千年も以前から降って降って降り続いている雨なのである。

ところで銅鐸を不思議な遺物にさせている一つの原因はその出土状態である。ほとんどの出土例が故意に壊されており、また出土する地点も全く人里離れた所が多い。同様にそれは縄文中期のある種の土器、あるいは土偶の出土状況にも言える。土偶については後に回すが土器における特殊な出土をかいつまんで述べてみる。新潟県に主に分布する馬高式土器、通称火焔土器と呼ばれるものの中には、やはり故意に破壊されたらしいものがある。一般に、中期になると祭儀に使用されたらしい土器がかなり豊富で、実際に祭祀遺構内に安置された形跡もある。そういう土器は他の土器に比べて異常に豪華な場合が多い。今私たちが目にして、いかにも素晴しいと感じる土器は、だいたいにおいて何らかの祭儀に用いられたと考えられる。しかし腑に落ちない点がある。縄文期においては土器というものはかなり貴重なものであったと考えられる。一つの土器を製作するためには大変な手間と時間がかかり、現に一度破損した部分を本体に再度取りつけるための補修穴さえあけて使用したものがある。それなのに、中でも最も手を掛けて造られた優品が、惜しげもなくとは言わないまでも、きっぱりと打ち壊されるとはどういうことなのか。

最近一部の研究者で、土器を造る時期があると考えている者があるようだが、壊す時期もあるのではないかとも私は考えている。とにかく土偶も土器も、果ては弥生時代の銅鐸も、一体何が理由で破壊されねばならなかったのだろうか。

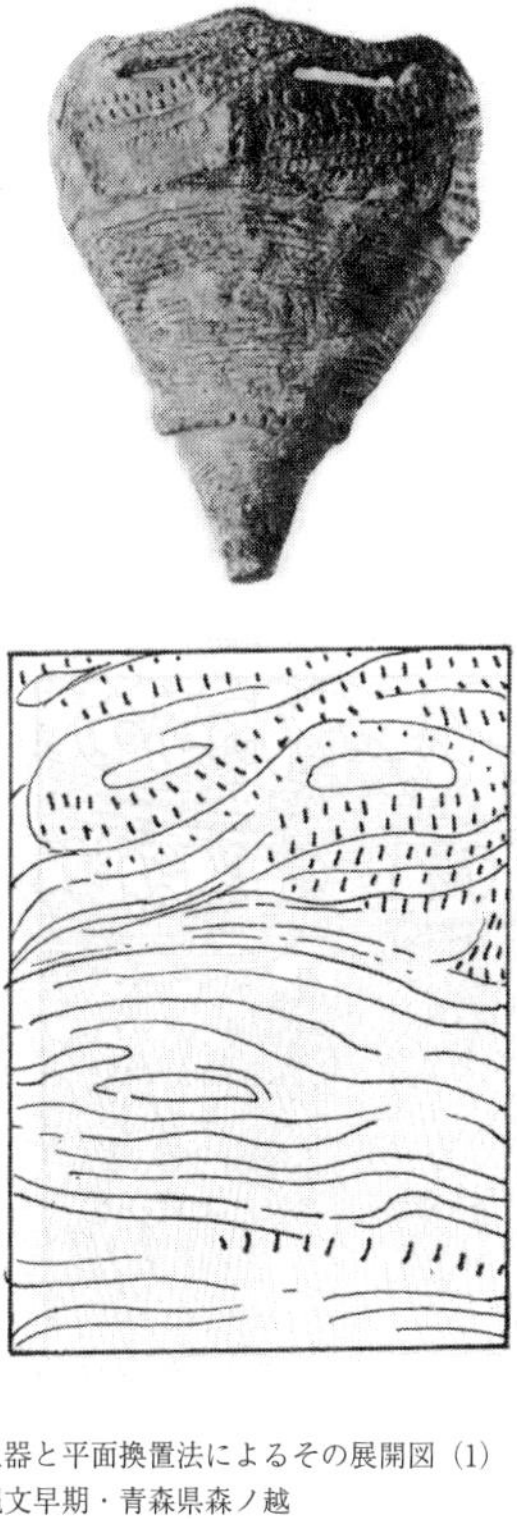

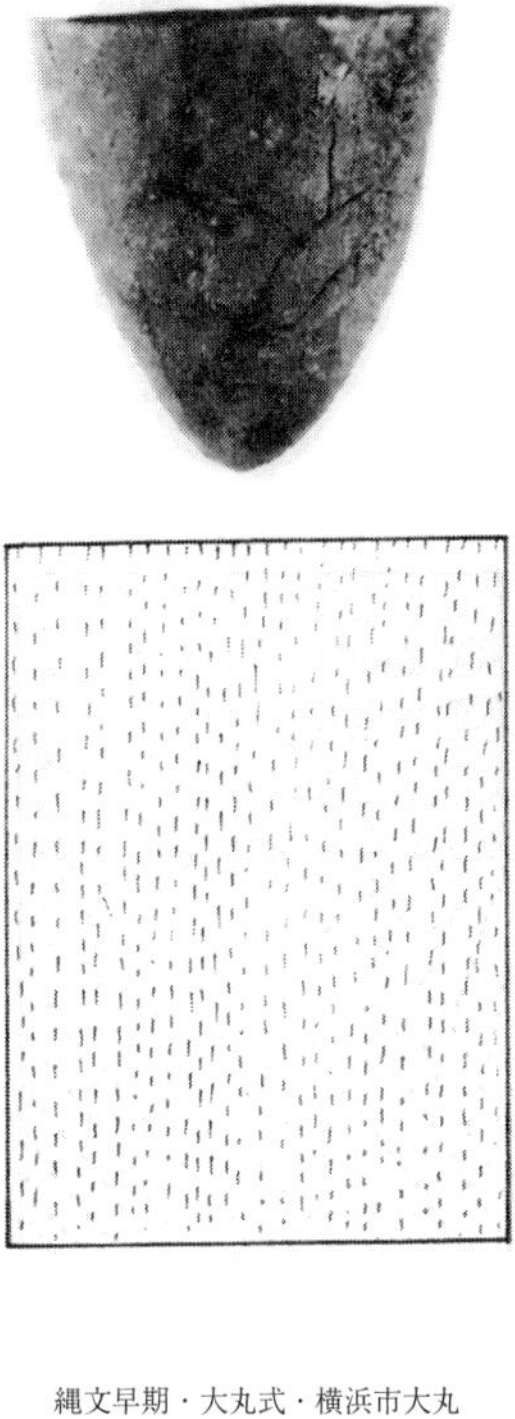

土器と平面換置法によるその展開図（1）
縄文早期・青森県森ノ越

縄文早期・大丸式・横浜市大丸

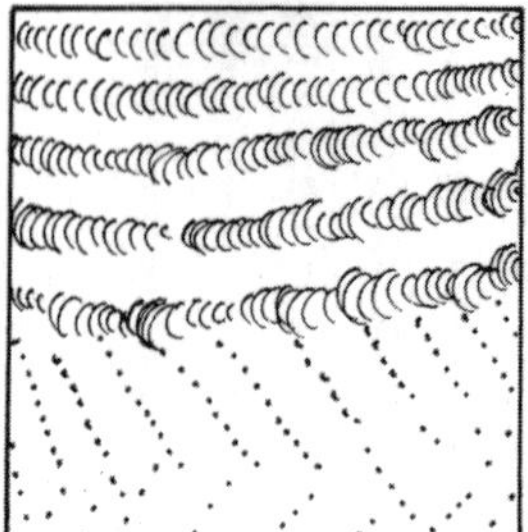

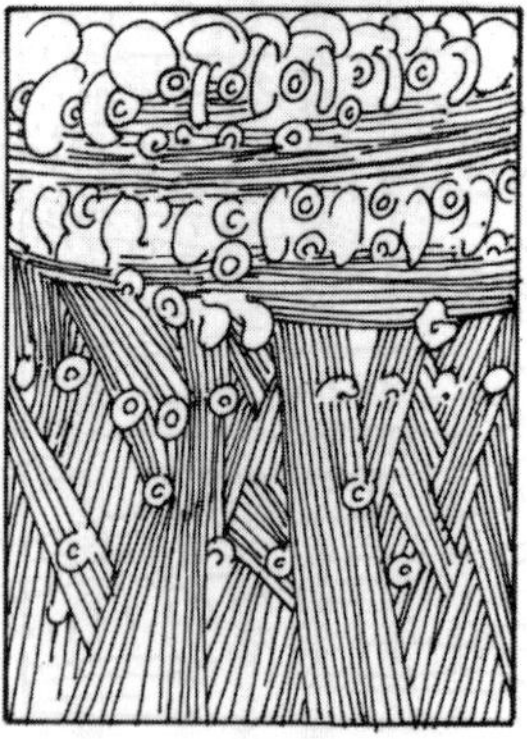

土器と平面換置法によるその展開図 (2)
縄文前期・北白川下層式・大阪府国府　　縄文前期・諸磯Ｃ式・長野県下島

土器と平面換置法によるその展開図（3）

縄文中期・加曽利Ｅ式・長野県与助尾根　　　縄文中期・井戸尻式・長野県井戸尻

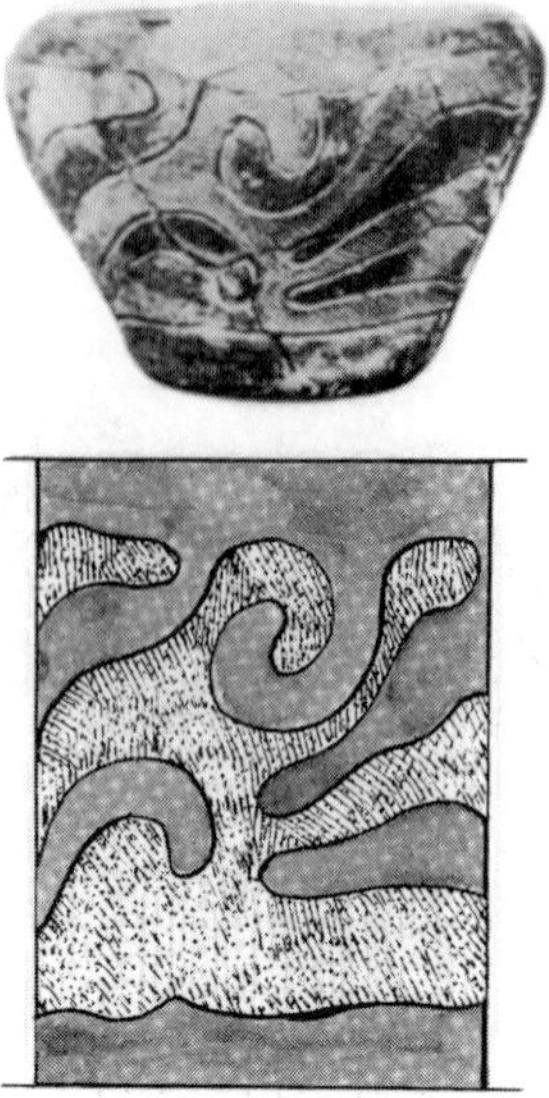

土器と平面換置法によるその展開図（4）
縄文後期・中津式・岡山県中津見塚

縄文後期・堀の内式・千葉県堀之内

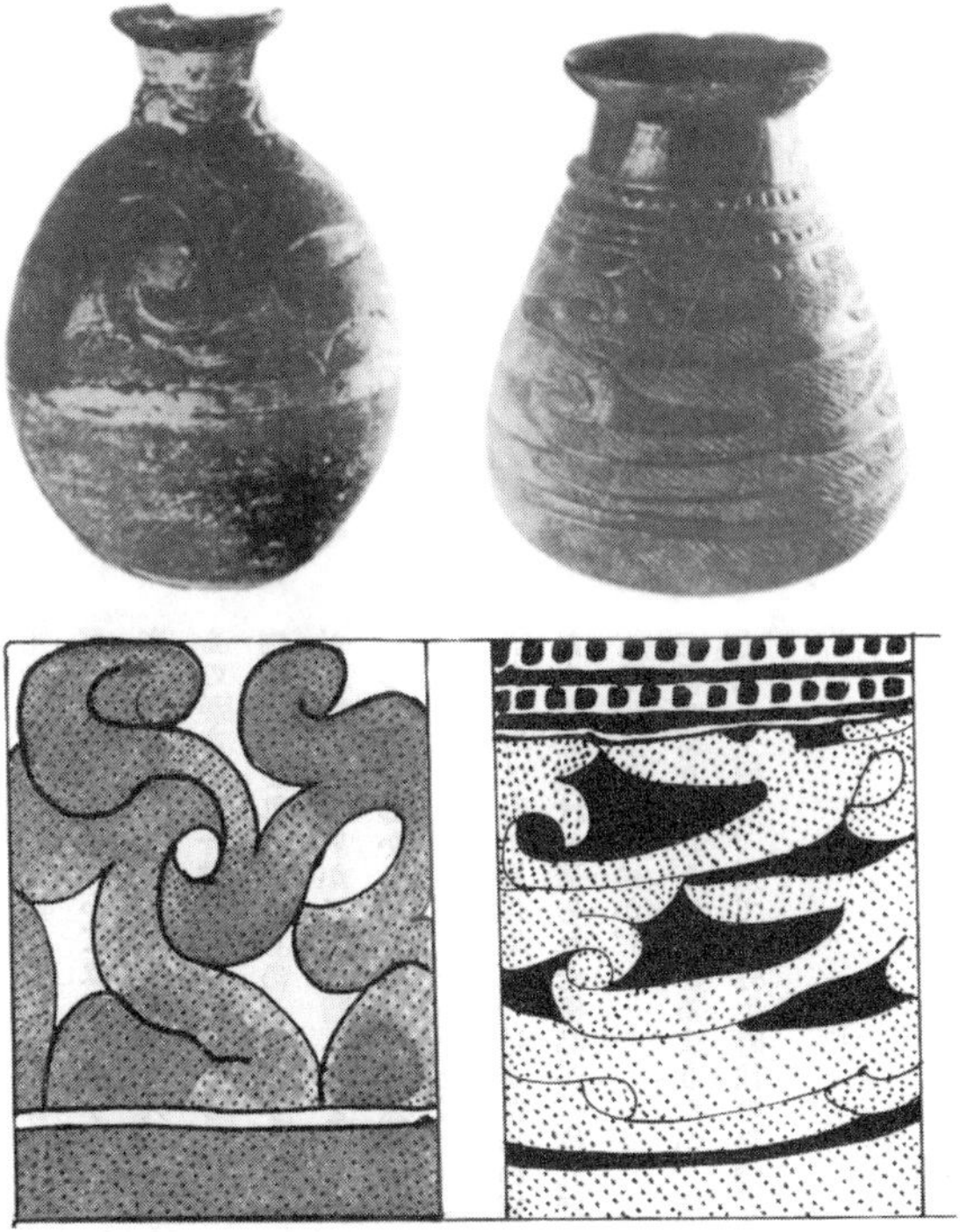

土器と平面換置法によるその展開図 (5)
縄文晩期・大洞式・青森県是川　　縄文晩期・大洞式・青森県是川

九の章　殺されていた土偶

　土器と並べて度々登場して来た土偶たち、あたかも豪華な衣装を身に着けているかに見える太古の女王たち、彼女等の目は一様に遥か一点を凝視して動かない。先に土器と土偶との関連を繰り返し述べているので、それに関してはくどく説明する必要はないと思われる。土偶は早期中葉茨城県花輪台貝塚より発見された土偶が最古であり、千葉県の同じく花輪台Ⅰ式Ⅱ式土器を出土する鴇崎貝塚からも同様の土偶の破片が知られている。他にも愛知県知多郡常滑市付近から出土したと言われるビスケット状の小土偶（名古屋大学所蔵）があるが伴出土器、出土状況については明確には知らない。どちらにせよ早期の土偶はまさに土偶の原初形体とも言えるほど素朴な形をしている。それにしても常滑市出土の土偶は五体満足な姿がうかがえるし、乳房も隆起して居り、陰部と思われる部分にはポツンと箆《へら》による亀裂さえあいている。頭部上方には頭髪を表現したのだろうか、小木片か何かで幾つか順に押した跡が残っており、女性土偶であるのは確かである。早期土偶は未だ発見例が希薄なため、前述草創期の岩偶とともに主に女性を表わしているらしいということしか判っていない。前期に至っても土偶は大した変化を見せていない。しかし早期のものに比べると形も整ってきており、例えば青森県八戸市是川にある貝塚から前期円筒下層C式土器とともに出土した土偶は頭部こそ欠けているものの両乳房、臍（江坂氏は前掲書の中で女性陰部の誇張的表現かもしれないとしている）等も具備された逆三角形偏平のもので他にも円筒系各形式の遺跡にもそれに類似した土偶が数点発見されている。東北以外には関東の諸磯系土器に伴って出土したものが幾点かあり、腹部が若干ふくれているものが存在するのは注目に値する（東京都板橋区四枚畑貝塚出土の土偶、神奈川県横浜市港北折本町貝塚出土の土偶など）。

さて中期に至って土偶には体中に多様な文様を施されるようになる。それにしても中期の土偶は主に東日本で多くが発見され、西日本ではそれに比べるとかなり少数である。それはやはり早前期の土偶が西日本からは出土例がないのと関連しているようだ。中期・後期・晩期の土偶については、土器の文様解明の時と同じように分析して見ることにしよう。

まず全体を通観して見ると気が付くように、中期以後の土偶は頭の天辺から足のつまさきまで、華麗な装飾で埋めつくされているものが多い。土偶の装飾については、衣服説と刺青説が今日のところ最も受け入れやすいものとされている。衣服説には当然衣服のみでなく、首飾りや耳飾りその他の装飾品なども考慮され、最古の玦《けつ》状耳飾りが早期末に見られることなども身体装飾が早期から存在する根拠として考えられている。実際土偶の耳に土製の耳飾りがつけられてまま出土した例もある。刺青説に関しては何しろ縄文人のミイラ化して皮膚表面もある程度残存しているような、恰好な資料は発見されていないので実質的説得力はない。むしろ土偶の顔面の施文が縄文人の刺青を説明する唯一の根拠となっているような次第である。一般的には現在、衣服説と刺青説とが、顔面に関しては刺青説、全体に関しては衣服やその他の装飾品だとする衣服説というように平和共存しているわけだ。

私は前節で土器について述べて来た。次は誰もが「信仰」あるいは「呪術」の対象と認めているところの土偶について、そこにほの見えている縄文人達の思想に迫る必要が出てきたらしい。

先ず土偶の華麗な文様は大体において垂直的であることに目をつけてみたい。そして垂直的であることは、つまり手や足にではなく、頭部から胸部そして腰部にこそ土偶の主要な目的が認められるということだ。

頭部からいくらかの施文・形状を拾い書きしていこう。土偶の最上位、人間で言えば頭

頭頂に蝮・背面に矢印のある土偶
長野県井戸尻

おなじく前面

髪に相当する部分だが、ここには奇妙にうねりのある形状が数多く見られる。髪型ではないかと言われているが、そうではなさそうなものもあり決定を遅らせてきた。特殊な例ではあるが、頭部に蛇がとぐろを巻いて鎌首をもたげている土偶がある。顕著なものは二例あって、山梨県韮崎坂井遺跡出土の勝坂式のものと長野県富士見町藤内遺跡出土の藤内式のもの、ともに縄文中期に当り、諏訪付近を中心とする中部山岳地帯と西関東に各々隆盛を誇った時期のものであるだけにないがしろに出来ないものをもっている。しかし具体的に蛇を表現していないにしろ同様の渦巻文が頭頂に大きく描かれているものは多

欠損した妊娠土偶
(3)縄文晩期青森県亀ヶ岡　(2)縄文中期新潟県長者ヶ原　(1)縄文中期長野県尖石

い。また土紐等による変化に富んだ頭部造形も珍しいものではない筈だ。晩期後半北は青森から南は中部の西端まで広範な分布圏を持つ亀ヶ岡式土器に伴う土偶の頭頂は一様に、全く竜巻が勇み狂っているかのようだ。中期から一足跳びに晩期後半までできてしまったが、関東地方の後期末から晩期前半の安行Ⅰ式からⅢ式までの遺跡内で出土するいわゆる木兎土偶の頭部に多く見出される突起と渦巻文もそこに加えて深く記憶されるべき例である。いずれにせよ頭部に渦巻状の起伏あるいは施文がかなり多く見られることは大きな問題である。渦巻文は勿論頭部のみでなく胸・腹・背中・腰・陰部・尻・手足などほぼ体中のどこかに施される。ところが頭部の渦巻はあたかも『古事記』のイザナミノ命が根ノ国での死姿そのままに、それは諸々の雷たちを従えて頭に蜷《とぐろ》を巻く大雷のよ

(4)生命線といわれている謎の裂傷線

うである。三輪山伝説を思い出せば、そしてあのチベットマンダラの山を見返してみれば、女体山の頂上に渦巻く雷雲と山腹を二重三重にとり巻く雨雲は同時に蛇でもあった。蛇あるいは雷雲を頭に巻く女神のイメージは、すでに縄文期の人々の頭の中にはっきり芽生えていたことがこれで解る。

さて土偶の垂直的構成について先に少しふれたけれども、垂直をより明確に示しているのは胸あるいは腹の上方から臍又は陰部にかけて下降している垂直線・矢印やそれに類似した施文等である。例えば神奈川県足柄上郡中屋敷から出土した晩期末

イザナミの命の黄泉国の死姿と酷似する亀ヶ岡土偶

黄泉国のイザナミの屍体に八はしらの雷神が成る

人骨を収容していた容器形土偶

土偶の前面には首・胸から腹のあたりにかけて地文の縄文を残した磨消の隆帯文が一本真直に下りておりその最下部にあたる部分が幾分ふくれている。そしてその下には丁度そのふくらんだ部分を包み込むように受けている皿のような形の施文が同じ隆帯文で施されている。ちなみにこの形式の土偶は一様に腰部がふくらんでおり妊娠の態を表現しているようだし、特にこの土偶は容器状で発見されたときその内部に初生児の骨片が収められていたという。話は少しそれるが、土偶の胎内に初生児の骨が入れられているのは、埋甕に子供の死体を入れるいわゆる甕棺葬と対比し得る。しかし信仰の対象である土偶に初生児の骨が納められていたとなるとやや事情は異なる。生のイメージと死のイメージが混ざり合い、何かしら血なまぐさいにおいがただようような特殊例である。奇妙なことに、このような大型土偶で完全な形で出土した唯一の例だそうだ。とにかく土偶にはおおむね何らかの形で胸部から腹部に向う施文がなされていることはわかる。これについて今日まで女性の妊娠時に下腹部に現われる生命線であろうという見解がなされていたが、それでは単に一部の直線に関してのみ妥当し得るだけであるし、その中で特に多い胸部から臍にかけて下降する線については説明不可能なのである。私が考えるにはこれは土器に施されていたのと同じ垂直線、すなわち頭部の雷雲からひらめき落下する雷である。そしてそれが象徴するところの男根であると思うのだが、御存知のように土偶はその多くが妊娠している。この妊娠に至る過程を象徴するのが渦巻文などから連らなって陰部に突きささる男の象徴、男根なのだ。胸部から腹部にかけて鋭く胎内をえぐり、今にも土偶を真二つに引き裂くような裂傷線も多くの土偶に認められる下垂線の一種である。これなどまさに生命線どころか、死滅線である。また土偶をよく観察して見ると首飾りのような施文がよくあり、それがそのままつながって胸部から腹部に至っていて、丁度ペンダントのようになっている。首飾りと下垂線の連続性、こんな不可解な事が、「記紀」の章を振り返って見ればすぐ納得がゆく。棚機女の首に二重も三重も巻き付く首飾りのように山谷をとりまくアジスキタカヒコネノ神。彼は山谷をとりまく蛇神であった。つまり裏がえしていえばそれは美女棚機女の首に巻きつき、光り輝く首飾りは蛇なのである。矢印や垂直線が陰部に至るのはこれで説明ができたと思う。

そこで首の胸部から特に臍に至るものについてはどうだろう。江坂輝弥は前掲書で、土偶に特に臍が強調されているものがかなり存在することに対して、陰部の誇張的な表現であって臍ではないとしているようだ。ところが臍も陰部も同じように明確に表現されている例も沢山ある（例、山形県飽海郡杉沢遺跡出土晩期の土偶）。私は臍というのは性交に直接関係はないが、物産みの表現としては充分に価値ある物であろうと考える。母と子をつなぐものが臍の緒であるということを彼等は当然知っている筈であるから。先に私は衣服説・刺青説に対する意見表明をひかえていたが、ここでやっとその時期がやってきたような気がする。つまり縄文期の人々が行なったであろう飾りに対する意味づけと装飾された物を彼等が見た時に観ずる観じ方の問題である。上から拾ってゆくと、頭髪や帽子その他の頭部装飾、耳輪、首飾り、腕輪、腰飾り、等世界諸民族はそれぞれの独自な飾り物を身につける時にはそれらにかなり重要な意味づけをしている場合がある。そしてその社会の思想性、信仰性を強く反映している。日本の縄文期において信仰の対象と言えば何と言っても土偶が第一である。つまり今日までの意見とは逆に土偶に施された様々の文様を、実は人間たちが自分の身体装飾に多くとり入れたという考え方も出来得るわけだ。縄文人の姿を模して土偶を造ったとか、土偶の姿をそっくり身体装飾に借りてきたとかいう、どちらか一方から他方へ、ではなくより密接な相互関係を認識しなければ特に文化史は立ちゆかない。江坂輝弥が少しふれていた土偶の施文と土器の施文との関係もそれを示している。

渦巻文・垂直構成の施文及び首飾り状の文様の他にも土器と同様、雷文・流水文と土器の項で述べた雨状文などがある。しかしそれらについてはもはや説明する必要はなさそうだ。雷雲・雷・雨・蛇の連関は土偶についても同じなのであるから。

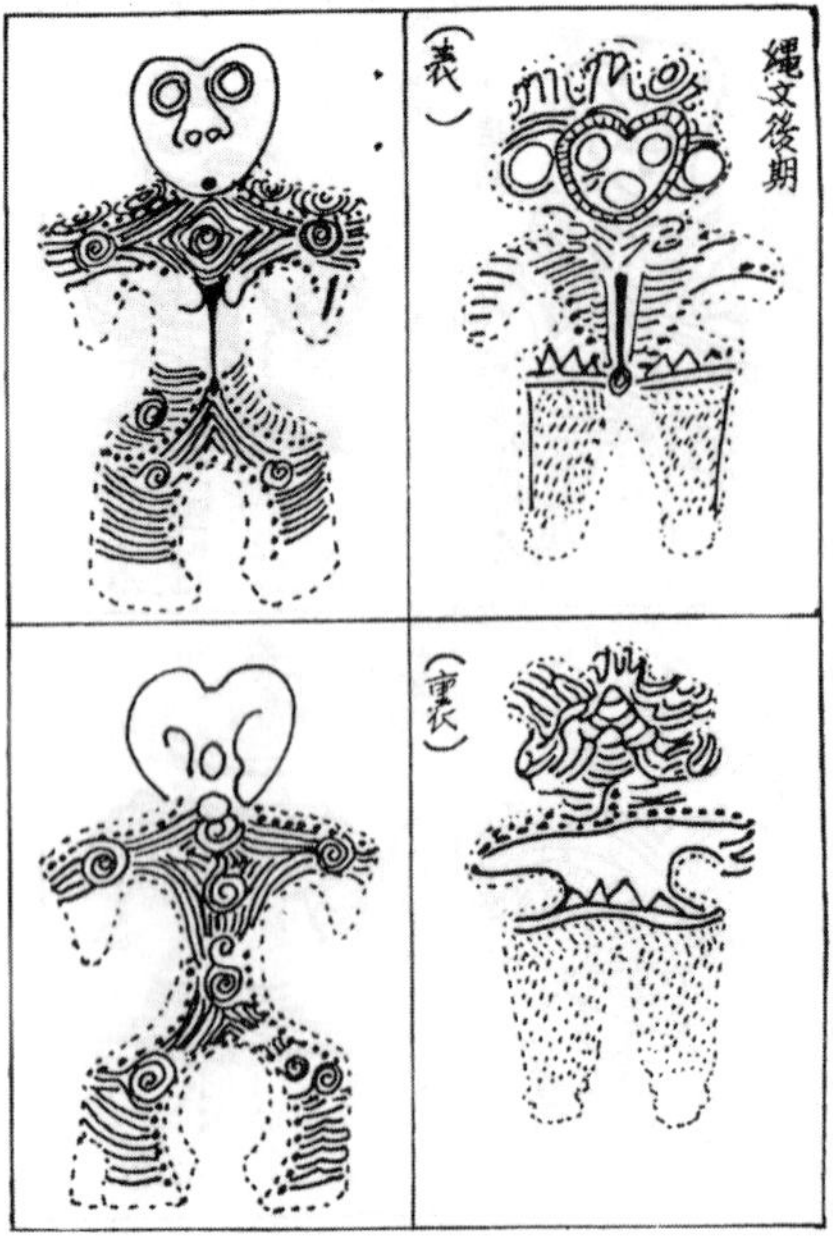

土偶施文の類似性比較図
土偶の原体の人形を排除し、施文のみを平面的に表裏を見るとき、そこに多くの類似点が判明する。図はその比較対照を示す。渦巻きは雷雲であり、生命線（といわれて

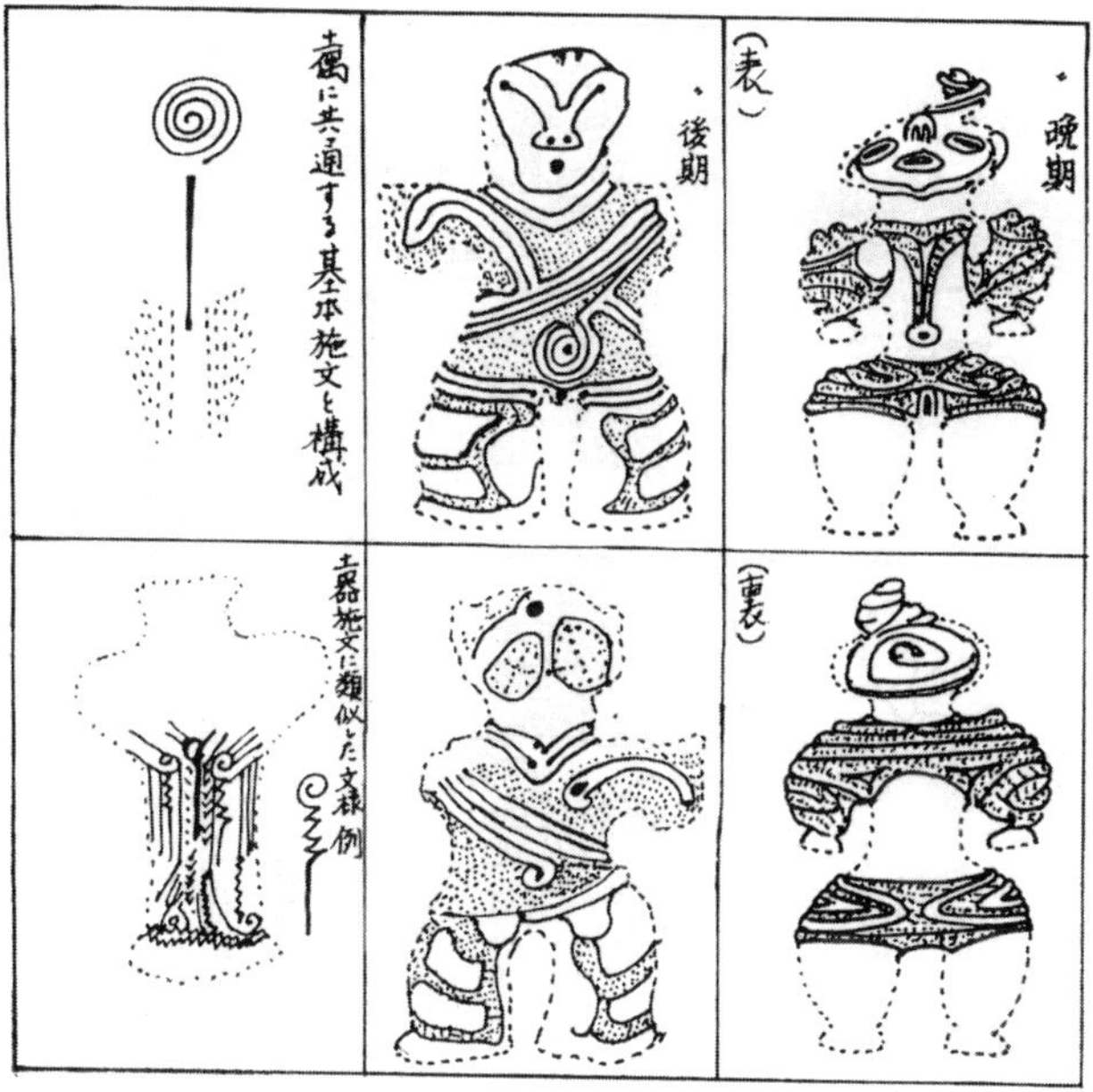

いる頸・腹部の線）及び首飾文は稲妻、体を覆う点線・沈線・縄目は雨を表現している。

土偶の主要施文

土偶の主要施文

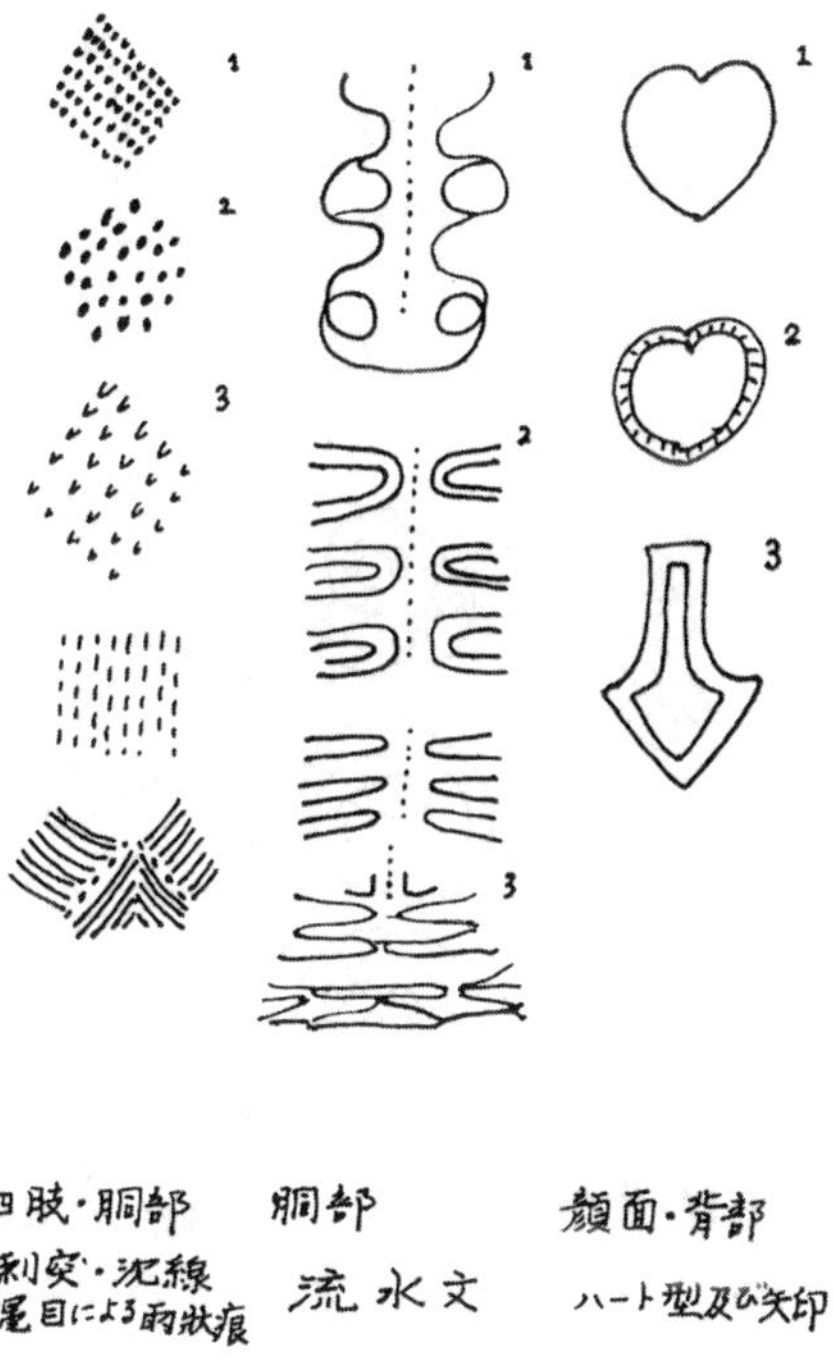

土偶に関して今まではその施文・形状を主に取り出して述べてきた。さて土器に特殊な出土状態のまま発見されたものの幾例かあることを記した。石に囲われ居住地とかなりはずれた場所に埋納されたもの。ふせたまま住居の端または外側に埋め込まれた形跡のあるもの等、炉に使われたりピットの内壁を蔽ったりするための単に実用的な目的が確認でき

ない特殊な例が、度々報告されている。これと同様、もしくはそれ以上に、土偶は特別な出土状況を呈する場合が多い。

小型のものを除いて土偶は何かしら破損部分がある。完形土偶はかなり少なく、写真で見かけるものはほとんどが、復原されたり、欠損を補ったりされた後のものである。どちらかと言うと土偶は肉厚でもあり小さくまとまっているものが普通でもあるから、薄手で開口した容器である土器に比べて壊れる可能性が少ないと思われる。このためかなりの研究者が土偶は故意に破壊されたものであろうとの見解を持っている。精魂こめて造りあげたその女神達を彼等自ら壊すとは一体どういうことなのか。その上壊された土偶が丁重にまわりを石に囲まれた形で出土する例が幾例か知られている。それらの報告例のうち古くは大正四年に鳥居龍蔵の著作による『有史以前の跡を尋ねて』という本の内で福島県大沼郡三島村発見の晩期土偶が「村人の語る所によると、此土偶は石を積んだ中から」出土したと伝えているものである（江坂氏前掲書参考）。この土偶も当時のことであるから村人の簡単な報告を載せたのみで詳細は知れない。縄文時代中期の土偶で特殊な出土状態におかれていたものに新潟県糸魚川市長者ヶ原遺跡出土のもので、顔面が欠損しているが高さ三〇センチメートルの大土偶がある。かなり以前に発掘されたもので、砂岩製の砥石の上に砂岩製の石皿を積み、その上に頭をのせてあおむけに寝かせてあったという。次に同じく中期で新潟県栃尾市栃倉遺跡にて発見されたもので住居址内のピットの一つに頭部を欠いた土偶がさまざまに埋められているというものだ。ピットの壁面には内側が朱塗りの土器片が土偶を取りかこんでおり、土偶を下から支えるがごとく一個の土器片が置かれていたという。またそのピット内には木炭片が多く認められたらしい。その同じ住居址の東側からも頭部・脚部を無くした土偶が扁平な石の上にあおむけに寝かされていたという。またその土偶の脚部の方向に、石に接してほぼ完形の浅鉢形土器が存在している。さらに同住居内西側にも土偶の右手と胸部が同じような状態で発見されている。何とも大変な住居址である。先の新潟県長者ヶ原の例と同じような発見状態が二例も存在し、また別の埋納状態も確認されるということは、土偶の用途が一面的ではないということの証明である。そしてさらに付け加えれば、そのように多面的な用途に用いられるほど土偶の存在理由は縄文期の人々にとって大きなものであったと言わねばならない。

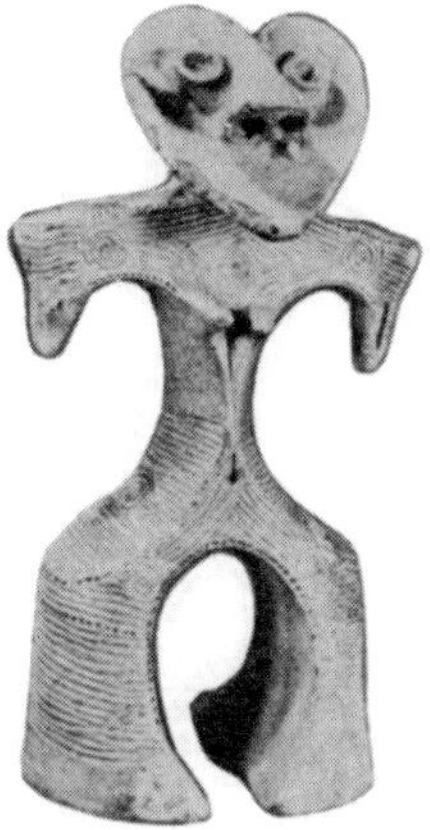

鏃形の顔・体部に渦巻きを施した土偶
縄文後期・群馬県郷原

出土状態を異にするものに、石囲いをはっきりと伴なう例を挙げてみたい。群馬県吾妻郡郷原遺跡で発見された、中期末から後期初頭にかけての加曽利Ｅ式の破片を伴う土偶である。土偶は縦一・五メートル、横〇・六から〇・四メートルの長方形状の石囲いのほぼ中央に、あおむけの姿勢で寝ており、その頭部には大きな土器片が置かれていて、石囲いの上にそれらを蔽うための石盤が乗せられていた。この土偶はみごとなハート形の顔をしている。縄文関係の書物や美術史の書物、先史の部分には必ず登場するといってよいほど著名なものである。その石囲いの近くにも他に三基の石囲いが存在したが土偶あるいは他の特殊遺構は認められなかったという。ハート形顔面という形状は気になるものであるが、他にも山梨県坂井の中期勝坂式の土偶にやや類似が認められるし、岐阜県高山市で出土した中期のものや同時期新潟県を中心に盛興した通称火焔土器と呼ばれる馬高式土器に伴なって出土した土偶（新潟県長岡市馬高遺跡出土）等があって中期の中部地方に限られているようだ。いかにも眉と鼻を強調して隆起させ顎に連結させればハート状になるわけだから考えすぎというものかもしれない。しかしハート形の顔と下降する矢印、すなわちやじり型との関連は想像するに足るものだと私は考える。

さてその他の石囲い内から発見された土偶例であるが山形県飽海郡杉沢遺跡の晩期大洞C2式土器を伴なった土偶があり、これは頭部上方に径二〇センチメートル内外の石が三個とC字型に置かれた土偶の頭部を包み込むようにしてある。そして一端をそれらの上にかけて土偶にふたをした形で偏平の石が伏せられていたといわれる。そしてこの遺構はローム層中に約二〇センチメートル程掘り込んで居り当時の地表面よりもかなり下にあるため、埋められたものであると考えられる。岩手県二戸郡雨滝遺跡は雨滝式土器を出す晩期の遺跡である。この遺跡で出土した土偶は小型の亀ヶ岡式土偶で下半身を欠き、頭部を囲むようにして五個の石が置かれ、やはり顔と胸に平石が載せられていたという。土偶とは違うが角偶にも組み石の中に入れられていたものがある。その他にも幾例か発見されているが更に順次増加していくであろう。どちらにせよこのような配石遺構を伴った土偶は、土偶の不明な意味をより解明不可能に近いものにさせている。しかしこのような配石と土偶の関係は、縄文時代の埋葬形式の一種である抱石葬や、環状列石を伴う墓にも見られ、暗示的なものである。私が墓を引き合いに出したのは他でもない、土偶のほとんどが破壊され故意に埋められていることを考えてのことである。土偶を壊すこと、それは女神を殺す事に他ならない。晩期の奥羽地方を中心に亀ヶ岡式土器に伴出するいわゆる遮光器土偶、その通り名にも冠されている遮光器にも似たその目は何を表わしているのか、それを考えてみたい。この大きく強調されそして閉じた目は勿論遮光器でないことは確かである。江坂輝也はそれを否定しながら、原始人は眼を神聖視していたからだと言っているが余り根拠はない。遮光器土偶の顔には総じて死相が現われている。私は人相家をやっているつもりはないのだが、このような死に顔を想わせるのが例の大きな閉じた目であり、この目は土偶が殺された事を特に強調したものであるに違いない。目を閉じて死に様を呈している土偶をこれでもかというが如く破壊し、そして土の中に埋葬してしまうのが土偶の最後の用途だったのであろう。神を創り、神を殺すそれが縄文人の思想だった。

このようにして縄文人たちは、天なる父・母なる大地等という抽象的な神の姿を求めていたのではなく、より具体的な事物《こともの》から神を知り、そして更に自分達の周囲にあらしめようとしたのであった。そして上空に雷雲が渦巻きイナヅマがひらめく。豪雨と共に一直線に大地につきささり、大地は真二つに裂け揺れ動く。カミナリの、そして雨の陵辱と破壊は偉大な生産・創造をもたらす。春夏秋冬の天地の営み、それは日本に限ったことではない。しかし他に比べ四季の区別がはっきりしている日本列島だからこそこのように確かな信仰表出が可能となったと考えられる。今まで土偶が女性であることのみに目を止め、「地母神信仰」という片手落ちな解釈が行なわれてきたけれども、女性の対立概念としての男性を無視してしまう解釈には無理がある。全ての社会の中で見出される基本的な対立的概念は男と女であることは人類学者のよく説く所である。縄文人だけ別だなどという理論が成り立つはずがない。

私は今まで土器と土偶のことを主に述べてきた。しかし素材の違う祭祀遺跡にも目を配

環状列石　秋田県大湯

らなければいけないようだ。環状列石について今日、その配石の下に土壙がしばしば発見されることから、墓ではないかとの見解が有力である。墳墓説に関する有力な証拠は北海道斜里町朱円の積石墳墓があげられている。「二個のひくい環状土籬（環状の土堤）のなかから、小形の環状石籬が発見された。このなかには墓穴のうえに石を塚状につみあげた積石墳墓がある。これらの積石墳墓は円形、楕円形、長方形で、最大のものは六・九メートル、最小のものは二メートル内外……」(『日本の考古学2』参照)、副葬品は壙内にあり、大形石棒や土版、その他生活利器・装飾品など様々であるという。また壙底にかならずベニガラがしいてあったと報告されている。北海道には地にも同様の配石墳墓があり、東北地方北部の配石遺構も同系統の墓であると考えられている。環状列石で何といっても一番有名なのは秋田県鹿角郡大湯町野中堂および県道を隔てた万座にある二個所の環状列石群である。規模も内外二帯をもつ野中堂の径四一・五メートル、不明瞭ながらも三重の環帯をもつ万座の方は更に大きく長径四五・六メートルと群を抜いている。現存の環状列石だけでも二つ合わせれば百個余りに達し、分散して復元不可能なものもかなりの数にのぼる。環状列石の形はさまざまであるが、立石を敷石が放射状にとり囲んでいるもの、同じように立石でなく丈の低い丸石状のもの、あるいは放射状の敷石のみのものなどである。組石の下部からはいずれも深さ七〇センチメートル、長径一メートル余りの小判形をした土壙が発見されている。しかしその土壙内からは何も遺物は出ていないため墓であるとの説はやや決定力を欠いているようである。大湯の環状列石は後期大湯式のものだが、ほぼ同時期関東の西南部神奈川県下にいくらか密集して見られる環状列石がある。例えば足柄上郡金子台の第一生命本社敷地内にあるものは、後期加曽利B式期の遺跡で現存一〇メートルほどの組石群である。

詳細ははっきりしないがベニガラの存在も伝えられている。また最近同敷地内に二〇～三〇メートルほど離れて配石遺構が発見され調査が進められていて、近辺には類似の配石遺構をもつ馬場遺跡もある。金子台遺跡にも土壙が伴っており、組合わせの形式も大湯のものと余り違いは認められないようである。墳墓と思われる環状列石が後期に出現し、特に東北・北海道に中心的であることは判った。それに比べて、前期諸磯Ｂ式期のものが中部に確認された。長野県大町市上原の環状列石群がそれで、円柱石を中心にした環状列石が二九個組発見され、それぞれ三つのグループに分けられるかの如く直立していたと思われる。先の例と異なり土壙を伴っておらず、その北部には石積と木炭片を多量に検出するピットが幾例か発見されて墓以外の祭祀場である公算が強い。関東になるが鬼怒川沿いの栃木県塩谷市佐貫の環状列石は中期に属し、墳墓の可能性は希薄であったようである。

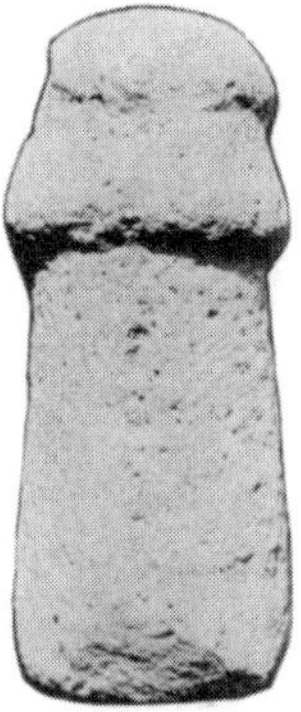

縄文期石棒

この他にも中部には墳墓以外の用途をもった環状列石があり、古く前期の遺跡も存在するため、中期から後期への移行、あるいは中部から東北への伝播としても考えられる。これに関する積極的な根拠は私にはない。

神話においても土器、土偶の文様において

も、原始古代人たちは自然の営みを人間の〈性〉の営みとおなじになぞらえて「神」を造り文様を造形したと私は語ってきた。それらが祭祀儀式、演劇や民話などにそのまま引継がれているとも語ってきた。もしそう理解されたとすればこの謎の配石遺構である環状列石群も、ずばり〈性〉の状態を示していると考えて不自然ではなかろう。

遠い縄文期の祭祀の様子をいま再現することは不可能に近いけれども、それに類似するようなことを祭の儀式、年中行事のなかに見出すことはさして困難ではない。俗に、〈イノコモチ〉（へのこもちの意味であろう）といって、大勢の子供たちが村落の家々をまわって、その家の庭をついてまわる行事も、その年の最後の十五夜の夕べに、藁でつくった男根形の棒で、新嫁の家をまわり大地を叩く〈しんまいわら〉の行事（三重県）も、その家の無事息災や安産の祈願というだけではなく、もっと重要な、眠りについた大地の復活を願う意味がかくれているにちがいない。

配石遺構の形態にもいろいろある。立柱石が長円形のもの、角ばったもの、玉石のものが放射状の中心部に置かれていたり、私がいう女陰部と推定する配石が四角形におかれているものなどがあって、たしかにまぎらわしい点はあるけれども、おしなべて円形配置と言ってよい。もし立柱石の陽石をともなわないとしたならば、それは何らかの形で大地、あるいは女性の陰部を表現し、別にある石棒などでその部分を突くなり叩くなりするような儀式がなされたのではないかと考えている。現に石棒については、静岡県賀茂郡見高の小学校内から、四十センチメートルを越える石棒を立て周りを丸石で囲った環状列石としてのそれが出土しており、有力な証拠となり得よう。今一つ、長野県の有名な尖石遺跡のすぐ北側にある与助尾根遺跡では、七号住居址内北側に環状列石状配石が構えられていたという報告がある。さらに「この石柱の基部の前面に長さ九・五センチメートル、幅二センチメートルの黒燿石の鋭利な一剝片が意識的に差しこんであった」（『尖石』宮坂英弌著）と言われており興味深い。環状列石は土偶と同様、東日本が専ら中心となっていて、土偶に見られるような信仰性がやはり環状列石に大きく反映していると見た方がより妥当だろう。与助尾根の黒燿石片はそれがカミナリと同様の意味を持ち、さらには後世の空から落ちて来る剣・矢・矛等と同義だと考えられる。環状列石もやはりカミナリの男根と大地の女陰の交合を表現していたと考えるわけである。

十の章　とびはねる論理

一瞬、重苦しくただならぬ空気が漂って辺りは寂として音もない。やがて一陣の旋風が頭の天辺から吹きおりる気配がし、ぱちぱちとものはじける音、めりめりっと鈍重な反響音が地底から伝わってくる。

「ゆくぞ――」という咽喉をふりしぼる甲高い声、粉塵のように飛散る木っ葉、小枝が樹間を舞い、覆う。ぴしっぴしっと折れる樹木は隣接する樹木を巻添えに、将棋倒しして山腹に突き刺さる潅木林に逃場もなく立ち竦む頭上から、眼前から、うなりをあげて天来の鋭どい笞が襲って来た。どおんという地震《ちぶ》るい、朦朦とたちこめる埃のなかから、言葉にもならぬ喚声が沸き散在する。人影がようやくにして見えもとの静寂に戻った。そこに無惨に横たわる樅の巨木は根元から梢までゆうに三〇メートル、胴まわり三抱えもあった。烏帽子を冠る白丁たちが本末を伐り枝打ちの最後の仕上げをするとき、金幣を手にした一

御柱伐り神事（1）
選定された樅の木・木遣歌　長野県下諏訪春宮

人が木遣りをうたう。

「山のウウ神さまアアアおねがいだアアア」

新緑の春山にこだまするその声は雪解け水の川瀬を渡り幾谷をも越えて山の彼方に消えてゆくのがよく判る。五臓六腑から血を吐くかのような、まさにのど笛の響きは、七年目に一度、諏訪上、下社の御柱《おんばしら》伐りの無事を願っての祈りをこめた悲壮な山うたである。

御柱伐り神事（2）　斧入れ

いうまでもなくこの巨大神木伐採、山曳き岡曳き、御住立ては恐しい危険が待ち構えている神降しの神事である。下敷きになる者、転落する者、はねとばされる者など今まで多くの人間が血に染ったときく。吸血の諏訪神社の四本の御柱、それは一体神が求めているのか人間が望んでいるのか〈祭〉というものの不思議な働きである。

〈神〉とは何か、〈神〉を人間は何故創造したか、そんな自問にも似た論説をし、民譚、伝説、演劇、「記紀」、「風土記」の神話と縄文の土器、土偶との密接な関係を述べてきた。そしてそれは一言でいって大自然の創造と破壊の背腹の相関関係によるものだとわたしは語った。だがしかし、果してそれだけの理由でこんな命懸けの祭祀儀式を行い神を誕生させる理由、必要があったと言えるかどうか。いま一度振り出しに戻して考えなければならないことに気づいたのである。というのはわたしは原始の人間は常に飢餓と嵐、疫病の跳梁におびえていたといい、また裏返しのそれは天恵の物産みにもなり欣喜雀躍したともいった。その具体的造形描写が土偶の女神の姿であり土器の華麗な装飾絵画であった。また神話においては一つ物語りを文学的描写によって繰返し綴織りなされていたと解説をして来たのである。

ところでここに大きな問題がまだ残っていたのである。例えば——ありようことではないだろうが、それはもし人類が春夏秋冬を問わず、災厄にも見舞われず、衣食住にも事欠かず何不自由なく恵まれて何の危険をも感じない生活条件のもとに暮しをしていたと仮定してみよう。そうであったとしたら人間は〈神〉を造らなかっただろうか、意識しなかっただろうか。また〈祭〉という異常な儀式、行為をしなかっただろうか。土壇場へきてこのような問題に逢着せざるを得なくなったのである。

わたしはいままで余りにも外の風景のみに気をとられて来たようである。遠くのものを見、とらえたつもりでいながら実は近視眼でしかあり得なかったかも知れない。もう一つの本質はまったく逆の方向、別な空間にあったようだ。それは本人も知らない本人の内なる世界に。

その昔、〈神〉が外なる自然の生業《なりわい》なら、内なる玄界にも〈神〉は住んでいたはずだ。自然の苛酷な条理が〈神〉の顕現を誘発したとしたら、人間の深層でどうにも発情を押え切れないでいる〈性《さが》〉もまた〈神〉を胚胎する場所であるはずだと思う。

では〈神〉顕在以前の、未だ形の整わないおぼろげの神は何処にひそんでいたのか。『日本書紀』冒頭の天地初判神話にその有様が見える。

古に天地《あめつち》未だ剖《わか》れず、陰陽分れざりしとき、渾沌《まろか》れたること鶏子《とりのこ》の如くして、溟涬《ほのか》にして牙《きざし》を含めり。其れ清陽なるものは薄靡《たなび》きて天と為り、重濁れるものは、淹滞《つつ》ゐて地と為るに及びて、精妙なるが合へるは摶《むらが》り易く、重濁れるが凝りたるは竭《かたま》り難し。故、天先ず成りて地後に定る。然して後に、神聖《かみ》、其の中に生《あ》れます。

以上は中国の前漢の書「淮南子《えなんじ》」より採ったとされていて、続いて日本の伝承を記しその状況を描いている。

故曰《かれい》はく、開闢《あめつちひら》くる初に洲壌《くにつち》の浮かれ漂へること、譬へば游魚の水上に浮けるが猶《ごと》し。時に、天地の中に一物生れり。状《かたちあしかび》葦牙の如し。便《すなわ》ち神と化為《な》る。国常立尊《クニトコタチノミコト》と号《もう》す。

混迷と漂泊、流動、視るものすべてが象《かたち》の整わない朦朧の景色の中心に突如一物が発生した。これから神になろうとする物は葦牙のように尖った形をしていた。それが初生の神になったと言うのである。

もやもやとしたどろどろの掴みどころのない精神の内部に、鋭い切先きをした形象が走って、または突き刺さって、此の世界にはじめて〈神〉が誕生したのである。

われわれ人間、ことに現代の人間は〈通常〉から〈異常〉を眺めている。勿論異常とは特殊状態をいうのであるけれども、では異常性が人間内部に占めている部分はどのくらいで、どのような役割を果しているのだろうか。わたしはむしろこの異常な思想行動こそ、神の発生以前に物象に啓示を受けて神の出現を予感した心のひらめきではないかと思う。

神の誕生と幻影にも似た怪貎の土偶群との結びつき、そして積乱雲の立ちのぼる絢欄華麗の神の器の創造はこの心理作用が主役であったのである。とすれば今日〈異常〉〈異端〉として奇異な眼で視、とらえているそれらは、単に〈異常〉という言葉で片づけるのは適切ではなかろう。

甲賀三郎が蛇の姿で天翔け、諏訪明神の正体を頭にかづき八重垣姫が破裂する氷湖を駈けてゆくのも、おぐり判官と照手姫が焦熱地獄の地底より普陀洛の国熊野へ土車に乗って一条の道を往くのも、皆このいま一つの意識が発情して成立してゆくのである。一万年前、いやそれよりも以前から胎蔵されていた異端神群たちは、現代までこの日本列島を縦横無尽にとびはねているのである。

神、芸術、文学の思想の源泉の出処はこの内包の意識にはじまる。この意識が外部で発芽し劇化したときを、わたしは〈とびはねる論理〉と名づけている。

衰退し乏しくなったとはいえ、いまでも山村漁村の一隅で年毎の祭りが執行されている。喧騒、破廉恥、狂気の空間が沸騰し、ときには落命の悲劇すらあるのだが、物の気に憑かれ、条理が飛び散った肉体の渦はとどまるところを知らない。

飛鳥坐神社は奈良盆地の南東、雷丘、甘檮丘に近く、明日香村神奈備山にある。毎年二月の〈おんだ〉祭は厳冬の頃である。粉雪の乱舞する参道に集って来る群衆は、綿帽子を冠ったようになってひしめく。突然そのなかから太鼓を持った大道遊芸の女が現れ歌を唱いはじめた。祭を待つ間の一刻に笑いを売る女の声に、どっと嬌声が乱れとぶ。「お前のが下に映ってるぞ――」。見れば神前のそこに女性の陰部をかたどった〈おめこ石〉があった。

祭。神殿前の拝殿舞台上で繰展げられる天狗とオカメのあられもない性交の場面。性を

久保寺（田縣神社旧神宮寺）祭神・玉姫化身　日本武命の将建稲種命の妃を祀る。
祭事の折り五人の処女が男根を抱き田縣神社へ渡御する。

愛知県小牧市

田縣神社　祭神・玉姫命　御歳神　愛知県小牧市

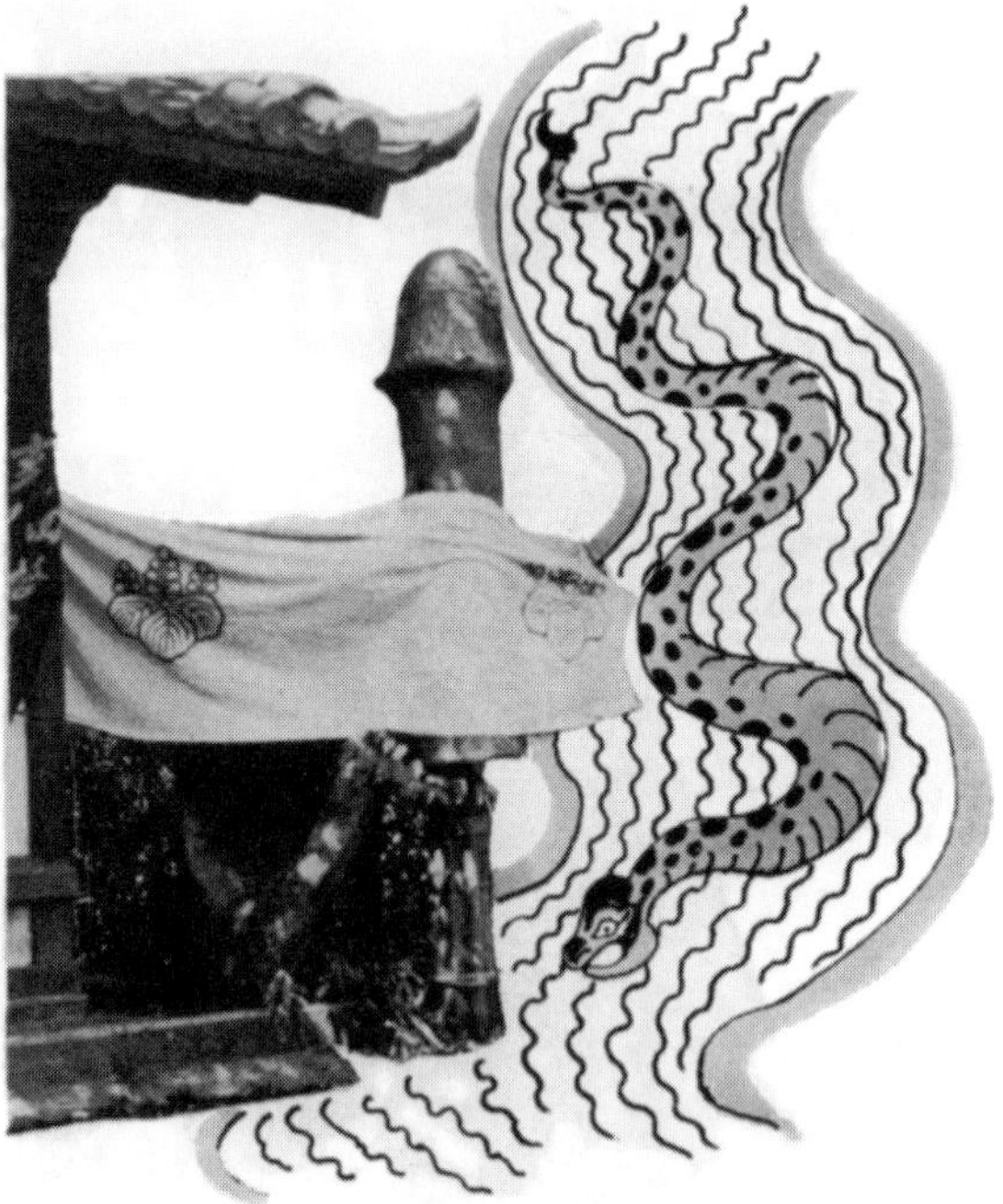

萱野神社（あわでの森）祭神　鹿屋野比売神（野椎神）男根女陰の交合の儀式が群衆によって行われる。側らの五条川には、いまも大蛇が住むと伝えている。

むきだしにした神事はここだけが例外ではなく、三、信、遠の国境、北設楽の奥山寺野、懐山に伝わる〈ひよんどり〉の祭、またその僻村、〈雪まつり〉で知られる新野の盆地にも生きつづけている。三河の〈てんてこ祭〉、尾張の田縣神社の〈豊年〉祭りは巨大な男根の神輿、大縣神社姫宮の磐座おそそ岩とその神輿渡御、濃尾平野の中央部の小村に祀れる葦津神社（祭神カヤノヒメノ命）のそれは陰陽を形どった二つの張形が神前で大群衆によって性を営むのである。因みに、カヤノヒメノ命は一名野椎の神といい蛇神である。

現に列挙した例証は至極具体的かつ顕著なものを選んだに過ぎず、眼をこらし思考をめぐらすなら日本列島の神々すべてが、これを主軸にして祭祀儀式を執行していることが明白であろう。

田縣、大縣神社の程近くに尾張富士と呼ばれる標高二八〇メートル程の神奈備型の山がある。ここには俗に〈石あげまつり〉と言う神事があって毎年炎天下八月一日に近郷近在の村人によって大・小の石塊が山頂へかつぎあげられる。その由来として伝えられているのは、隣りの本宮山と背くらべをして負けたのを口惜しがった祭神コノハナサクヤヒメノ命の無念を晴らすため、村民が山を高くしようとしたのが始りと言う。何処にもある山の背位べ伝説である。

またこの頃は他の富士浅間神社・熊野那智神社も同様〈火祭〉がある。真夏の太陽が西天に沈むころ夕闇は足もとより忍びよる。ようやくに熱気から解かれた山も樹々も群衆も、最後の神事の訪れを待つ。やがて何を機にしてか山頂に火の手があがる。それをきっかけに赤い炎は一斉に山腹に灯り、蛇行しながら下降しはじめるのである。この〈おけら火〉の炎のうねりが山頂から山麓へと降臨する有様は、まさに火雷であり火蛇の姿である。神奈備山の女体神コノハナサクヤヒメを取巻く天来の金剛力。それを受けて火炎のなかで神子を受胎するその女神、この見事な神話劇の神秘の時間とその空間は巨大である。

ところで何故この日この山頂に石塊を運搬するのか、それればかりではない、いま一つ謎がある。それは左鎌を頂上の祠に奉納することである。そのことに何かわたしは不吉な予感がしてならない。なぜなら縄文の土偶の女神も殺されているし、「記紀」「風土記」、または伝説民話の女神たちも火炎のなかで死んだり、蛇と婚《くな》かって屍になる。とすればこの尾張富士神奈備山の女神も例外ではなかろう。つまり山神の屍骨に石塊を積み左鎌を立てて死霊、悪霊、疫神の出没をくい止める墳墓を造ったのではなかろうか。このような風習は神式の土葬を遺している地方に、いまでも見られるのである。もしそうだとしたら、何と長い年月母なる大地の地母神はいつまでも殺されなければならないのか。一万何千年以前の人間空間と、現代の時空間とが、なお停滞することなく脈絡していて不思議な気がしてならない。

とにかく、わたしはいまようやくにして幻影のような縄文文様の解読をし、その語るところを知った。そして妖しく立ちのぼる雷雲の嵐のなかに、原始の人々の尖光を見、声を聞くことが出来たのである。

それにしても自然は人間に対して苛嘖ない仕打ちをして来た。それに対して人間もまた自然、神に対して苛嘖のない戦いを挑んで来た。悪業と善業とをかけもちにした人間の血の歴史は無為に流れ、今日神々の消滅とともに人類の滅亡が迫りつつある。その恐ろしい死の翳《かげ》りにおびえて、さらに〈渦巻文〉に目をそそぐ必要をわたしは感じた。この小著に終始無数に印刻された渦巻文の形状が語る意味、円形にして円に非ず、回帰するごとくしてもとに戻らぬ螺旋構造の、いま一つ別に意味することはないか。そこにあの死の天体、蟹星雲の末路の姿が想起されてならない。いまやこの地球には、輪廻転生のあのめぐりめぐって再生するという慰めの論理はもう通用しないのだ。そのはじめ、原始の人間が好んでこの形状を使用したのは、おそらく〈生〉の拡大を願望したからに他なかろう。いつしかそれが〈死〉の拡大へと変貌している。この予見に対して、一天地六の賽《さい》を振る勇気は、今のわたしにはない。

あとがき

この小著を書き終えてペンをおいたとき、おもわずふかい溜息が出てしまった。一人の人間が生涯のうちに為し得る仕事がいかに小っぽけなものかと、つくづく感ぜずにはおれなかったからである。何しろ私がこの縄文土器・土偶の解明に直接手を染めたのが七、八年前、それ以前の暗中摸索の年月は実に三十数年、人生の大半にもさかのぼる。つまり私が十七、八才のまだ少年の頃にそれははじまったのである。勿論こんなにも冗長の時間を費やした理由には私が画家であり、この仕事だけに日がな夜がな専心することの出来なかったことが大きな原因として挙げられよう。だがいま一つ、この種の研究がその対象物及び発掘調査等が野の人間にあっては容易にふれることのできない仕組と領域をつくっていることも、原因の一つとして否めないのである。

少年の頃の盗掘といううしろめたいものを感じながら土中から掘り出した、一片の褐色の厚手の縄文土器片が私の魂を魅入らせ、〈造形〉という不思議な感覚をゆさぶって私を画家の道へ誘ってくれた。その原始の芸術家たちにいまは感謝している。またこれまでの数々の旅の一こま一こまのうちには、生涯忘れることの出来ない多くの人々に逢った。

粉雪のさんさんと降りしきる奈良・飛鳥坐《あすかにいます》神社の〈おんだまつり〉の大群衆のなかで突如手持ち太鼓を打ち鳴らし、猥歌をうたって物乞いをしたあの女性。零落の境界にも抱わらず彼女の顔には意外に陽気な血が上気していた。奥設楽・寺野〈ひよんどり〉のとき宿してくれた家の婆さまも眼に浮かぶ。「せいぜいわしの世界は足であるうて五里四方がとこじゃでなあ」と暗い母屋でクックッと笑っていた、深い皺の刻まれたその顔。新野の〈雪まつり〉の先達をつとめた爺さん、彼は物知りで気のよい柔和な人柄だったが、「乱声《らんじょう》乱声《らんじょう》」のかけ声とともに若者たちが板壁を棒で叩きこわして〈サイホウ〉の出現をせきたてる、あの祭りのたけなわの顔面はすさまじかった。痙攣する頬、視線を失った眼、わなわなとふるえる唇から「退け、退けえっ」と叫ぶ怒声が、凍った私の頬にむちのように痛くひびいた。

　尾張、大縣神社の姫宮は毎年三月十五日に各部落で女陰形の自然木を神輿にして担ぐ。老若男女の哄笑の渦巻きにもまれながらそれに手をふれる。酒気をおびた声で誰かが怒鳴る。「おっかあ、おまえんのはこのくらい大きいかやあ」「そんなこたあ、うちのおやじにしかわからんわえー」とやり返す。当意即妙なその答えに群衆はどっと沸いた。アメノウズメの踊りにどよめく、八百万の神々のそれは声である。思いおこせばこんな話題は尽きない。

昨年の暮れは伊勢神宮の二十年毎の式年遷宮があり、この春には諏訪前宮・上社・下社の春宮・秋宮の七年毎の御柱立神事があった。私は幸いなことにこの二つの柱立て神事を目のあたり見ることができた。と言っても当然のこと、秘儀式中の秘儀とされる伊勢神宮の〈心の御柱〉の立柱祭を垣間も見たわけではない。かろうじて深夜、神代杉の下、奉拝席に坐ってかがり火のかすかな灯りのうちに、巨大な白い怪物に似た絹垣行障の移動を見たまでのことであった。

諏訪の御柱《おんばしら》立ては民衆が主役である。同じ神迎えでありながらこの対照的な儀式のへだたりと相異がいまも心のなかでわだかまっている。それは私の僻目《ひがめ》からだろうか。

おわりに本書の出版のために直接御援助をしていただいた方達及び資料を提供して頂いた方に心から御礼を申しあげる。この方面では全くの無名である私の仕事を心よく引き受けて、はじめて世に送って頂いた伝統と現代社、同社社長巌浩氏にはお礼の言葉のつくしようがない。また氏に紹介の労をとってくれた風媒社稲垣喜代志氏。影に陽向に取材の機会をつくり、力づけてくれた名古屋テレビの佐藤琢氏。毎日新聞社名古屋本社記者河谷俊也氏。伊勢神宮司庁古市忠造氏にはことあるごとにお邪魔し御便宜をはかっていただいた。尾張大国玉神社の儺追の写真撮影はカメラマン富塚良一氏。その他正文館・谷口暢宏氏、山田明氏、斉藤次郎氏など、多くの方たちに厚く感謝する次第である。

かつてヨチヨチ歩きで一緒に取材の旅に連れて歩いた息子類がいまでは文化人類学の方面に進み縄文土器、土偶の章のまとめを手伝ってくれた。今更ながら時間の経過を感じずにはおれない。

最後に私にとって心残りなのは、勝れた考古学者藤森栄一氏と民俗学者筑紫申真氏二人の死であった。本書が進展するにつれ、知らず知らずのうちに考古学の面では藤森氏の著者『銅鐸』と深く関わってゆき、民俗学の方面では筑紫氏の著書『アマテラスの誕生』に喰い込んでいることに気づき、是非私の意見を尋ねてみたかった。お二人には生前機会がありながら遂いにお眼にかかることが出来ず、最近この悲報に接し愕然としたのである。冥福を祈るとともに、この小著を両氏にお贈りする。なお言うまでもなく著述にあたっては多くの学者諸氏の著書を参考にさせていただいた。書名及び著者名の洩れた部分もあることと思うがお詫びすると同時に深く御礼を申し上げる。

一九七四年九月十八日　　著者

埋葬される司宮神《しぐしん》

尾張国府宮

- 濃尾平野の異端神
- 尾張国の惣社・国府宮
- 江戸時代の儺追神事次第
- 扼殺される蛇神と田祭の祈禱
- 先住の原始神・司宮神

水谷勇夫

●濃尾平野の異端神

ある日の白昼に、突然もの陰から鎗、薙刀、火刀の抜身をつきつけられ、有無をいわさず引立てられ、泥田に落されるやら叩かれるやら挙句の果てにお前は鬼になれ、神になれ、といわれたら、どんな気丈な男でもびっくりするだろう。しかもこれが聖なる神の儀式・年中行事であり、幾百年もいやもっともっと昔から連綿として続いてきたとしたら、どう考えても神と人間との行為は奇怪の一語に尽きる。ところがこれが事実近世まで行われていたし、今日でも昔さながらに行われているのである。俗に国府宮の裸祭という。

濃尾平野は木曽・長良・揖斐の大河を国境の帯に、その西の鈴鹿・養老山脈を壁にし、更に北に不破の関を麓にする伊吹山塊から、奥美濃・飛騨・木曽の山地を内懐ろに沃野が広がっている。この地帯には不思議と異端の神々が沢山居住している。例えば北伊勢には赫顔鼻高の猿田彦、一つ眼一本足の天目一箇《アメノマヒトツノ》神、多賀に伊邪那岐《イザナギノ》命、長良川上流大矢田に天若日子《アメノワカヒコ》、神話では彼は天つ神でありながら天つ神に反逆し殺される。一宮市のはずれ吾縵の里に出雲の巫女神阿麻乃弥加都比女《アマノミカツヒメ》、名古屋市熱田に倭建《ヤマトタケルノ》命の小碓、そして彼に殺された兄大碓が三河の猿投山にありその他どの神も「記紀」「風土記」のなかでは大物であったり、はみだしたりの神ばかりである。そこには原始古代の閉ざされ埋められた凄惨な神々の闘争の模様がぼんやりと覗いている気がする。尾・三・濃・勢の在神を語ろうとするとき、どうしてもこの切れ切れの神々の映像を描いて考えなければ、わたしは実像に迫れないのである。冒頭の裸祭神事の神も矢張りこれらの神を背景にした異端神の連類であろうと思う。この神は稲沢市国府宮に鎮座する尾張大国霊神またの名を大己貴、通常には大国主神といわれる。

●尾張国の惣社・国府宮

祭は旧正月十三日に行われる。まだ春は遠くて伊吹颪が粉雪を持ってくる。そんな朝、早くから近郷近在の若者たちが寒風に素肌を真赤に、腰に晒布を巻き儺追笹を担ぎ、霜柱立つ田面を踏み駆け抜けて東西南北からやって来る本厄、前後の厄男たち、それに交って老人子供までが参道にひしめく、幾十万人という参詣人のごった返しと、寒さ凌ぎにいやが上にも一ぱいひっかけた酔どれ父ちゃんのお神酒の臭い、倶利伽羅紋々の刺青者たちの熱の渦が寒天高く舞あがる。浅敷の上の鈴なりの観衆からは紅白の布がもみあいへしあう裸の群に投げられる。まるでそれは天の羽衣のように舞い落ちて、一瞬肉塊のうちに吸込まれると見るやずたずたにちぎられ投返される。儺追布といい厄除けのお守りに持ち帰るのである。喚声と怒号、泥んこと肉弾の時間の脈がいやが上にも高鳴る昼三時頃、突如参道の一角に悲鳴ともわめきともつかぬ声の火花が散る。この日の儺負人（神男という）が修羅場に放たれたのである。そのとき期せずして一陣の風鳴りとともに粉雪がさんさんと降りはじめた。四方八方から幾数千の裸体が脱兎を追う犬狼さながら突進する。それは正に一瞬の出来事で無気味にして巨大な無毛怪獣が出現する。しばしばその肉塊は息づくかのように右し左し、やがて除々に旋回しはじめ移動が大きくなってゆく。凝固した中心部はたまらない、引くも進むもままならず、窒息寸前の苦しさに「水呉れ水呉れ」絶叫する。頃を見計って散水組が一斉にポンプで放水をする。他の者は落ちた泥水すくってかけるからたまらない。皮膚を破って血を出すやら、泥んこのずぶぬれになるやら、沸騰した湯煙りがどっと空にたち昇り、祭は最高潮になる。かくして参道を大きな押くら饅頭がじぐざぐ進み、壮麗な山門を潜り社殿庭前を抜け、儺負堂に儺負人を納めて昼の儺追神事は終るのである。

この儺追神事がいつの頃から始められたかは詳らかにしない。ただ『続日本紀』巻二十八記載の称徳天皇、神護景雲元年（七六六）に国分寺に於て吉祥天悔過を修す勅命を布告したとき、この尾張大国霊神社も尾張国惣社として勅旨を受け祈願したであろうと伝えている。「国府宮神記」に「勅許之神祭、節刀有之（中略）当時皇尊之有詔命、歳始ニ儺負之大祭ヲ行シテ」とあるのはその為といわれている。事実このようなことはあったに違いない。だが、本社には社殿中庭に六個の巨石を環状に配石した磐境があり、祭祀起源の古さを物語っている。勿論現在における祭と同じくするか、判然としないが推考する余地は充分にある。なお『文徳実録』仁寿三年六月尾張国大国霊神とあり。『延喜式』神名帳に中島郡尾張大国霊神社とある。また「国府宮神記」に「第一　号大国霊神、是本社也。第二　号宗形神、第三　号大御霊神、是謂国府宮三社」とあって、『延喜式』神名帳等にも記載されていて宗形、大御霊神社を別宮に配祀している。その他末社に、司宮神社（祭神猿田彦神）神明社（祭神天照皇大御神）居森社（祭神素盞嗚命）白山社（祭神菊理姫命）稲荷社（祭神倉稲魂命）三女神社（祭神田心姫命・湍津姫命・市杵島姫命）（『明治、神社明細帳』）とあり、次に「諸社記」に本社は四十二神を祀るとあるけれども、後世の附会の説ともいわれている。敢えて一考すれば、本社は尾張国惣社であれば、社祠をかならずしも造営せずとも、年中の儀式中に、尾張国中の神名を呼称し、之を祀り治めたということは推察し得るのではあるまいか。そもそも神社における惣社制の発生は、一般に十一世紀頃といわれている。ところでこの惣社制は官布令としての記録もいまのところなく、おおむね国衙勢力の伸長によって都への対抗策として一時流行した形跡がある。その証拠として、国によっては惣社の制が置かれていない地方が多く見られ、それは一宮制についても同じことがいえる。以上のように、これについては現在のところ不明な部分が多く模糊としている。

一宮制と惣社制の関係も考えて見れば大変理解しがたく、一体どちらが神社として上位にあるのか判断に苦しむことがある。それは後世儺追神事の儺追捉えが続行できなくなった寛保騒動、つまり尾張一宮・真清田神社神郷の氏子の反抗にもその事情が窺える。

尾張の国には一宮・真清田神社（祭神天火明命）二宮・大縣神社（大縣神）三宮・熱田神社（草薙剣）がある。尾張の国に一宮制についての史料が見えるのは十二世紀頃のことで、その点惣社制の起りとほぼ時期を同じくしている。ところでこの三社の順位について、一番下位にある熱田神社は古代、中世、近世、そして現代まで大変有力な神社でありながら三宮の称号であるのは不思議なことに思えてならない。そうしたことはこの一宮制の基盤になったものが決して明神大社、神の氏素性の良し悪しだけでは量り知れない事柄が左右していたことを窺わせる。惣社も然りである。

尾張国惣社国府宮所蔵の史料の内もっとも古いものは、嘉禄元年（一二二五）八月の年号を持つ庁宣である。原文書を拝見することができないので、『稲沢市史』所収の部分を以下読下しにしておく。


早く前右近将監小野成政をして惣社修料田拾弐町を引募らしむべきの事

右彼成政解状を得るに併う当社は一国惣社府中勧請の敬神（中略）府中鎮守惣社御事
国衙いかでか御沙汰無からん哉。

この文書については、いささか疑問な点がある。本来惣社の成立は国司あるいは代官が国に下向した際、必ず国内の有力の神社に参詣し、祭事を行うのを義務とされていたが、国事の煩雑化にともなって、国衙所在地のごく近くに国内の有力神社を統合合祀したに始る。

するとこの文書に「府中鎮守」とあるのはむしろ「国中鎮守」とあるべきであろう。この文書は国衙勢力が衰退し、惣社もその力が下降した時期に作られたものとも考えられる。いずれにせよ最古の年号を持つ国府宮＝惣社を示す史料ではある。

嘉禄元年庁宣の十数年後、歴仁元年（一二三八）十二月の庁宣は確実なものである。この文書は当時の国衙在庁と有力神社が結託している様子をよく物語る面白い史料であって、そこに熱田宮と並んで惣社の名が見える。

このように平安末期以後、中世全般を通じて本社は尾張国惣社としてかなりの力を有していた模様である。以上本社の歴史について簡単に述べてみた。しかし儺追祭についての歴史が充分に語れないのは残念である。おそらくいつか古い時期よりごく淡々と行なわれてきた祭事であるため、充分な記録が残されなかったのだろうか。私達は今一度祭儀の庭に帰ってみよう。

●江戸時代の儺追神事次第

国府宮の儺追神事については早く江戸時代の初頭から近郷近在では奇祭として知られていたらしく、その頃になると祭事に関しての記録類が多く作られるようになった。ただし行事も複雑多岐にわたるので、そうした記録類もそれぞれ細かい点で相違が見られる。今文政七年に作られた「諸事内記留」その他の史料に沿ってこの祭の一部始終を追ってゆこう。正月十一日の土餅調進より同十四日朝までである。

▼十一日早旦、正神主家ではまず家内を清める。神主以外の家人を外へ出し、秘事として土餅を作る。この土餅には前年儺負人に投げられた「みっしょう」（後述）を焼いた灰を撞き込めて作った黒灰色の餅である。

▼十二日の朝、正権両神主が社家長太夫に向かって儺負捕えの群衆を「恵方の方」へ向かって「差出す」様申し渡し、その目印として「榊の枝」をもたせ、また「捕人寄進輩

手荒に致さざる」様注意する。

▼十二日夜、政所《まんどころ》において神事が始まる。「御膳部饗の膳」をおわり、一の膳は両神主、二の膳以下を社家中に配る。この時に祭る神として、「一ノ宮御神、二の宮御神、三の宮熱田大神、国府宮大国霊大神、在四神を祭る」この後「元ツ宮へ為レ移給ふ事を申上ル」とあって四神は社殿に還御願う。これについては後述する。その後「稲田姫御神之神事」が政所において両神主・社僧七太夫等によって行なわれる。詳細は分からない。

▼十三日早旦、社家中全て本殿に参り神前で神事がある。正神主は本社内陣より「古き秘符」を取出し「社僧威徳院」に渡すと、「社僧認之、立合勧請いたし神主へ相渡置」き、この寺に帰る。その秘符を神主は榊に結付け本殿の一角にある「獅子之間」に置く。この秘符は「内陣正宮殿のうへ、年々の秘符箱ニ入れてあり、前年の秘符を出だし」先の通り威徳院に認めさせるのだとある。

▼同じく十三日、儺負人を雇い入れ、代官と社家との間で申し送りがある。この頃は儺負人を雇っていたことがわかる。

▼十三日明六ツ頃、神主は内陣から「大鳴鈴」を取出し、中臈座頭の長太夫が、秘符と木刀と大鳴鈴を結びつけた「鉄鉾《てっしょう》」をかつぎ出発する。その時「方々ニ而不作法等無

之様ニ神主段々申渡、年之恵方へ向儺負取ニ」群衆が境内を出る（岩田家所蔵文書）。

▼儺負人を捕える時、「扨なおいの人は当年のあきの方に立て有、各これをとらえて先づ田の中へつきおとしなどして大勢とりまきてはしらす事数遍なり」とある。その後群衆は長太夫を先頭に儺負人を神社に連れ帰るが、「なおいの人に神符をいただかせわらんぢをはかせ」る。儺追捕人の総勢はこの頃には五、六千人になっているという（『尾張国府祭記』）。

▼同日夜四ツ時頃、権神主は大宮へ行き、土餅結の縄を「大三たぐり半、細なわ七たくり半」以前用意しておいたものを持ってゆき、「大宮之内廻廊東之方ニてつせうの榊一枝切りて」土餅と一所《（諸）》に政所へ持参する。共に棚の上にのせて飾る。それより「辰己の方へ行、細き根笹を切り長八寸計り半分わりかけ、直紙二枚と三たけより二節弐本の竹にはさみ、政所のこもの東の方目通りに榊の枝、但此二本の竹串ハ神灰をやきてつつむや又榊の枝ハ田祭祈祷之節鍬になぞらへ、田を耕すまねをする也、七太夫ハ種をまく」。この所作はいわゆる田の豊作を予祝する田遊び行事の一種であろう。現在、この行事は行われていない。

▼政所神事の始まりに際し、「司宮神御社より御正印ノ箱政所へ遷宮、正神主家役、差合之時権神主勤之、政所戌亥角ニ棚有り、その上ニ勧請する事也」。御正印ノ箱には

猿田彦面が入っているという。

▼十四日夜未明、政所にて社家による神事があり、この時儺負人は髪を蛇形に結われ、背に土餅を背負い、同じく人形を背負う。人形は「躰像《たいぞう》」といい、「高御堂村八剣宮ニ而刈りとって予め司宮神社の社の下に用意されてあり、これは長太夫が「紙にて衣服をきせ政所へ持行仮屋のこもに南向にさし置」いてあったものである。「目はなを付る」のは正神主の役とある。躰像には頭の先に紙燭がつけられ、儺負人が走り出す時に火が点される。神事の後「七太夫唱へ三篇ツツ、三度牛王を持仮屋を廻」った後「永追い」の者二人に両側から支えられた儺負人も政所を走り廻り、やがて参道東側にある「富士塚」あるいは正殿の真裏にある「うら山」に一目散にかけ出す。

▼政所神事の際、大宮本殿では「翁之舞」をし、「大宮畢而政所へ参り、又翁壱番を称す」とあるが詳しい記載はない。

▼儺負人を追って後、投げつけた小形をひろい、両神主が政所の近くで焼く。「神灰」として次年の土餅に搗き込めるものだが、「紙に包ミて二ツ并司宮神の御箱のうちへ納」めておく。

▼「儺追神事　悉く済相退出前に助左衛門へ申付」け、正神主が寺社方御役人衆に引取る様に申送り、以下片付けをすませ神事は完了する。

以上やや煩雑だったかも知れないが、近世の儺追祭事を概略してみた。もちろんここには大まかな記録のみ記したため、今思えば重要な場面を書き落としているかも知れないが、それについては追って明らかにしていくつもりでいる。なお最近出版された国府宮田島宮司著『尾張大国霊神社史料』によるところが大きい。

＊　＊　＊

●扼殺される蛇神と田祭の祈禱

次に前記にしたがい他記録を補足して本行事の内奥に立入って見ようと思う。それはこの行事が物語るところのものは単に儺追神事だけにとどまるのみでなく、日本の神、そして年中行事全般に関わる問題として、わたしはわたしなりに考えてすすめてゆきたい。許されるなら読者は不備にして語り伝えていないところを深く読込んで理解していただきたい。

十三日この日早朝、社人長太夫が起進人たちを社前に呼集し、儺負人捉えを宣し、但し老人子供女、それに僧侶を捉えぬことを言い渡し、固めの盃を交し、手に手に鎗、薙刀、刀類を抜き放ち、喚声あげて東方に向う。この群団の通行する一里四方の神垣内の者ども、おいおい加はり、その数は脹《ふく》れあがったという。勿論すでに神事のあることを知って恵方の里人は家に引籠もり、息をひそめて通り過ぎるを待ったという。だが人攫い群団は何処までも突進み、必ず一人を捉えたとある。捉えたあと「国府宮祭記」にこんな記事がある。

扨なおいの人は当年のあきの方に立て有、各これをとらへて先ず田の中へつきおとしなどして大勢とりまきてはしらす事数遍也、長太夫をはじめ社家の輩供なひて神前につれ来る也、長太夫は五尺計の棒に榊の枝と木刀形長刀の如く銀紙をはる大鳴鈴神秘の符を結附、是に草鞋を添てなおいの人に神符をいただかせわらんじをはかせつれ帰る也

この記事については以前から大変気になっていたのだが、すでに捉えた儺負人をどうして、わざと田圃に落さなければならなかったのだろう。このことは実は儺負人の性格を語る大変重要な意味をもっているとわたしは考えている。それは決して悪ふざけや、儺負人の逃亡をふせぐために痛めつけるということではないと思う。残念ながら儺負人を捉えた時点での儀式はこれだけで他に記載がないが、当然のこと何かが行われたであろう。そこ

で類推するに、儺負人逮捕と同時にこれを宰領する社人長太夫は、出発時、正・権神主から手渡された榊の枝に薙刀、大鳴鈴と称する鉄鈴、御符の取附けられた棒を田圃の中ほどに立てて、連行した儺負人を手取り足取り逆さにして頭から泥田に落したのではないかと考える。いかにも突拍子なこのような想像図を描くのだが、それというのも日本神話、伝説のなかに天上や河上から数多くの剣、蛇、丹塗矢、箸に化身などした堕天神がいるからだ。『山城国風土記』の可茂別雷命の父は火雷神で、玉依日売の水浴中丹塗矢に化身し交ることで彼が産れる。これは上、下賀茂神社の神誕縁起でめる。三輪山の大物主も雷、蛇、丹塗矢でやはり天から降りてきてヤマトトトビモモソヒメ、セヤタタラヒメを犯す。三輪山伝説といわれ、この類話は至るところに伝承されている。『今昔物語集』にある久米の仙人などは雲の上から下界を覗き、美女の白い股を見て眼が眩み落っこちる。また『日本霊異記』には、蛇を頭に三廻り巻いていた雷の申し子道場法師、その父も矢張りそうであり、その例は数限りなくある。

つまり田圃の中ほどに立てたであろう榊の棒はそのよりましの木であり、剣は雷の稲妻を表している。そして儺負人はずばり雷の神として見たてられた、生き神と考えられないだろうか。後に儺負人は頭髪を蛇形に作られるというこの奇妙な扮装は、こういった意味があったからではないか。更にその堕天神がうつつを抜かした美女とは、年毎に豊かなみのりの物を産む田圃の大地に他ならないし、その表象物が大鳴鈴であろう。これを目がけて天なる神が、つまり稲妻が転落したと想定するのである。

かくして万余の群衆に取巻かれ神社の儺負堂に収容される。捉われの儺負人は斉戒沐浴、浄衣を着て忌籠るのだが、この様子を窺うことはできない。かすかに次の「神道名目類聚抄」及び『尾張徇行記』によって知られるのみだ。

神道名目類聚抄云、直会祭、尾張国中嶋郡国府宮ニアリ、正月十一日神官旌旗ヲ立、路辺ニ出テ往来ノ人一人ヲ捕ヘ来、沐浴ヲサセ、身ヲ清テ浄衣ヲ着セ、神前ニ率行、末那板《まないた》一器木ニテ作レル庖丁・生膾箸《なますばし》等ヲ設置、又別ニ人形ヲ造テ、右ノ捕ラレタル人ノ代トシテ、是ヲマナ板ニスエ、同彼ノ捕シ人ヲ其傍ニ居ラシメ、神前ニ備追スルコト一夜、明朝神官来テ、神前ヨリ右の供物人トモニ撤シ、土ニテ餅ノ如キノカタチヲ造テ、彼人ノ背ニ負セ、青銅一貫文ヲ以首ニカケ、追逐テ走リテ必倒絶入ス、暫アリテ正気出テ元ノ如シ、則定退ク。其倒シ處ニ塚ヲ築テ土ノ餅ヲ納ム、此神事社家ニ伝テ深秘ス、（同様記事は『尾張徇行記』にもあり）

俎板《まないた》、庖丁、生膾《なます》箸。人形、儺負人の供物と言えば、どう考えても生贄を連想せずにはおれない。いつ何刻ぶすっと殺されるか判らない。こんな物騒なものの側らに座って夜の更けるのを待つのだからさぞ心細いに違いない。人形をなますにするのか、儺負人をなますにするのか、それはどちらであろうと、儺負人、人形は神の形代であるからには、とりもなおさず神を殺すことに他ならない。とすればここでの犠牲とは通常未通の娘が白羽の矢を立てられ供される、神に対しての人身御供ではなく、何と神が人間の望む福恵の為めに犠牲にされるのである。何という恐ろしく血生臭い神祭の構造式ではないだろうか。

昼の儺負捉えも恐怖なら、夜儺追神事も鬼気迫りおぞけふるう儀式である。深夜三時、あの昼の何十万人という参詣人、裸男たちの喧噪と肉弾の修羅場とは、うって変った嘘のような静寂な雪降る冷たい夜、大松明に灯を点した神官が動きはじめて神事は始る。白衣の神官が先導し儺負人は細柱に青柴垣の政所庁舎に移される。いかにも仮神殿といった斉庭の正面に奇稲田姫命の画像、左側面の神棚に末社司宮神祠より遷された猿田彦神面と土餅、人形を祀る。神事は形通りに執行されてゆくのであるが、此の間儺負人は祭りの主役であるのにも拘らず、神事に背を向け寒風に晒され、敷居外に蹲まっている。彼はあくまで冷酷な仕打ちに甘んじなければならないのである。

ところで大変不審に思うことがある。それというのは、「国府宮社記」にしろその他どの記事記録にも祭神は主神尾張大国霊神、総社大明神とあり、前記したように『延喜式』

神名帳にも尾張国の条に尾張大国霊神社の記載がある。そしてこの儺追神事もこの神の祭として誰も疑っていない。ところがその国中挙げての火祭にも拘らずこの儺追神事に大国霊神が不在だと思われる節がある。その事実は前記資料「諸事内記留」十二日供膳事の項(二四五頁参照)の、一ノ膳、二ノ膳、三ノ膳、四ノ膳をそれぞれ一ノ宮尾張国一之宮真清田神社主神に二ノ宮大縣神社主神に三ノ宮熱田神社主神に四ノ膳は本社大国霊神に供えた後、祝詞奏上拍手して元宮へ還御して戴くとあった。本祭の前夜、これより重要な儀式が始ろうとするときに、客神の一、二、三ノ宮の神はいざ知らず、宿神であり主神である大国霊神まで移給ふとあるのは一体どういうことだろう。とするとあとに残る神は正面画像の奇稲田姫命と司宮神の男女二神のみということになる。ちなみにこの司宮神祠は、本殿とは較べものにならないちっぽけな社祠で、本殿から遠くへだった林の中にある。どういう事情であるかは詳らかではないが、どうも古くはこの二神の神祭であったのではないか。奇稲田は神名通り田の神、女神である。けれども一般にこの神は出雲の神とされている。もしそうであればこの神も彼の地方よりの渡住の神だったといえよう。そしてそれは恐らく司宮神の配神として以前にあった女神の名称が忘却されたので後世借用されたのであろうと考えられる。司宮神については、いまなおその本縁地を定かにしない謎の古形の神である。ところでこの神は主に中部地方を中心に、西は近畿の一部、東は関東地方に及んでいて概ねこの範囲が信仰圏となっている（今井野菊氏調査による）。そしてその呼名は宛字が多く種々雑多であり、そのうち数例だけを示してみると〈御社宮司、杓子、三狐神、左口、石神〉等々である。いうまでもなくこれが始めは同じ発音で呼称し、祀られていたであろうが、伝播の過程で地方々々の解釈で変化したのであろう。それればかりでなく年代の深遠さがより多様を極めていったとも考えられ、このような現象は年輪的なものを示している。

それはともかくここでは詳記出来ないが司宮神は蛇神だとわたしは考えている（拙著『神殺し・縄文』参照）。重ねていうのだがそれは儺負人が捉えられ、頭髪が蛇体に作られる、とあることとでも知れよう。なお司宮神、すなはちミシャグチを祀る長野県諏訪神社前宮はその本縁を辿る上で重要であろうことを附記する。

いま一つこの国府宮の司宮神が大国霊神より前住であったらしい痕跡を思わせる事に、記録に残る正遷宮の渡御のおり、常に奇稲田姫とともに御羽車の先導をつとめていることがある。秘神面で見ることはできないが、司宮神は猿田彦面が納められているといい、恐らく誰でもが知っている赤い鼻高の仮面にちがいなかろう。そしてこの猿田彦の出自は伊賀の国の神で二十四万年統治していたという神だったが、天孫降臨神話のとき、天つ神の道案内人になる。それはとりもなおさず敗北神を意味している。その仮面を冠せられた司宮神も尾張大国霊神の先行を努めて来たとすれば、わたしには矢張り敗者の影が濃く彩られて見えるのである。

さてこうした事情あっての司宮神と儺負人との映像が重なるときが来た。諸儀式が終って庁舎内は急にあわただしくなり、神官たちが脇神棚の神面箱、土餅、人形を下し、それを儺負人の背に結びつける。このとき神面箱を儺負人の頭上でぐるぐると三転させる仕ぐさがあるが、それは恐らく司宮神の神霊が儺負人にのり移る呪法にちがいない。この世に眼にも見える生きた司宮神の出現である。真黒に灰を塗りつけた土餅、夜目にも白い紙の衣装を着た藁人形を背にして紙ローソクに灯を点された異様な姿でいよいよ司宮神は追放の浮目を見、永の旅立ちをするのである。もう夜明けも近い鶏の鳴声も遠くの里できこえはじめている。その頃すでにまばらながら参集した参詣人たちに神官から礫（梅、柳の小枝を豆状に切ったものを人形に結んだもの、〈小形〉とも〈みっしょう〉ともいう）が手渡されている。長太夫が手にした大鳴鈴を打振り庁舎の周囲を駈けはじめる。続いて付添人に左右を抱きかかえられた儺負人が駈ける。一斉に礫がそこをめがけて飛ぶ、一廻り二廻り、次第に高ぶる鈴の音に追う者、追われる者ともに夜目にも眼は血走り異様な空間に包まれる。三廻り目に儺負人は庁舎を遁れ出てゆく、後より長追いの神官、よぼろ白丁の社人が続き、暗闇に消えてゆくのでめる。いまは参道の側らの富士塚という祠、本社裏の神田辺りの一角に走る。儺負人はそこに辿りつくや人形、土餅、白衣身ぐるみ剥ぎすて、きびすも返さず遁走する。捨て置かれた一切を社人は忌鍬をもって埋めるのである。ますますふりしきる粉雪のなか、結氷した地面を掘穿する音、動めく白い影、歯の根が合わぬのは寒さのせいだけではない。

その昔儺負人は神垣内より一里外まで、息絶え行倒れるまで追い、そこに土餅を埋没したと前記記録にもある。最近その儺負人の終末地ともいうべき古塚があるらしいと聞き、五里霧中で探し歩いた。はじめはそんな馬鹿なことがあるだろうかと半信半疑だった。ところがついにその内の一基を発見した。そこは本社より数里も距った、いまでも人里離れた平野の真中にあって捨墓同然の小さな古塚だった。字名を国府宮といい、村人もすでにその故事を知らず、四、五年前までただ習慣的に供養の為にか祭をしていたという。

儺追神事はこのような厳しくも非情凄惨な年中行事ゆえに古くから争擾は絶えなかった。

以下はその事件記録である

和暦	西暦	事件概要
寛文一〇	一六七〇	土餅を中島郡大矢村へ送ったがこれを受入れず小池正明寺村へ運んで捨去った、庄屋組頭百姓十五人入牢。
貞享　三	一六八六	丹羽郡岩倉村の村民が儺負捕りの通過を拒否したのでこれを切払って帰社。

元禄　四	一六九一	海東郡今宿村で九八郎を捕えた処、今宿村民は寄進人奥田村の権助を袋たたきにした、庄屋組頭入牢追放。
一四	一七〇一	海東郡勝幡村で所左ヱ門を捕えた処、その倅久之丞は海東郡追放、所左ヱ門入牢。
宝永　八	一七一一	中島郡今村で弾七を捕えた処、村民が手向ったのでその槍一筋、棒一本を取りあげて帰社。
正徳　六	一七一六	土餅を丹羽郡岩倉村へ送ったが村民受入れず訴えた上庄屋組頭はお叱り、土餅は同村神森へ埋めるよう下命。
		殿様鷹狩ニ付中島郡祖父江村へ儺負捕りに入らない様に横井猪右エ門時尚より神社へ申込む。
享保　二	一七一七	中島郡一宮村に於いて武右エ門が手向ったので寄進人松下村の新平は彼の脇差を奪取って帰社、この時、武右エ門は紙袋、小刀、銭二百文紛失と訴えたが不問に腑された。
享保　四	一七一九	丹羽郡町屋村の丹長寺に於て僧呂三人が儺負捕りに邪魔立した。神社側はこれを排して通過した。町屋村はお叱りを受けた。
五	一七二〇	海東郡萱津村の時宗光明寺に遊行上人滞在中に付、門に番人をつけて儺負捕りの入らない様にとの申入れを承認。
一七	一七三二	中島郡一宮村の半右エ門を捕えた時、その母が負傷し、村の高札を破損したと訴えて来た。その時半右エ門はなたを持って反抗したが、母は老年であり負傷の筈無しと回答、そのまま相すみ。
享保二〇	一七三五	海東郡津島村の者二三十人屋根にのぼり投石しようとし且悪言した。

元文	四	一七三九	葉栗郡佐千原村の伴右エ門を捕えた時、佐千原村の庄屋はじめ二十七人神社に押寄せ伴右エ門を奪還せんとした。その為祭典時刻がおくれたけれども事故無相すみ。
寛保	二	一七四二	中島郡一宮村に於ける騒動別記の通り（別記省略）。
	三	一七四三	尾張藩より祭儀改易を命ぜられた。
	四	一七四四	神事改易実施、二月二十一日延享と改之。

（『尾張大国御霊神社史』参考）

寛保年間ついに一宮神郷との激しい争乱のため儺負捉えを停止、以後雇い入れになり、明治よりは希望者を募り、籤によって選定、今日に至っている。

●先住の原始神・司宮神《しぐしん》

現代のわたしたちは祭とは芸能的な楽しいもの、年に一、二度鬱積した心の憂さを吹き飛ばす饗宴のように思っている。かと思えば一方では眼にも見えず手にも触れない神という超現実的な何ものかが、異常空間の世界からわれわれ人間に呪力霊力を働きかけていると、信じてもいる。しかし原始体の神、つまりはじめに誕生した神は、およそそのような性格でも構造でもなかったらしい。記述して来た司宮神（サクチ神）はそうした原始体の神と見うけられる。報告史料の一部始終でも判るように、神が捉えられ追放された挙げく、埋葬される、殺されるという、信じられないような結末で祭儀を終っている。これについて恐らく読者は一体これはどういうことなのか、神は聖なるもの、君臨するものではなかったのかと、戸惑いを感じられたのではないか。このような疑問が霽れるまでには相当な時間と思考が費やされることと思う。なぜなら何といっても、永い間わたしたち民衆の手の内から、神は禁忌と権威の垣根によって遠ざけられて来た。それが余りにも深く慣習化してしまっているからだ。

結語としてわたしは兎に角始原の神の思想は娯楽、慰安ではなかったと考える。そのような生易しい心情の吐露ではなく、神（自然）の偉大にして狂暴な力を善業と悪業とによりわけて、かなわぬまでも祈り念じ、自らの掌中に恵み幸せ多かれと祀った。そのためにはあたかも神の姿が手にとるように、神の声が現実に聴えるように俳優《わざおぎ》をしなければならなかった。その神劇のすじがきでは、必ず人間が勝利を収める如く仕組まれたのである。この事実については朦朧とした神話の数々を審さに読みとれば理解できるし、またこの尾張国府宮の儺追神事祭儀がそうでもあるように、詳記できないが長野・新野の雪祭、静岡・寺野、懐山のひよんどり、西浦田楽（浜松市天竜区水窪町）、愛知・鳳来寺田楽（新城市）、兎足《うたり》神社いけにえ祭（豊川市）、滝山寺火まつり（岡崎市）等々それは小さな山村の小さな神々にいまなお生き残っている。しかも熱っぽく聖ならぬ性なる神として、地上に降りたち乱舞しているのである。

濃尾の氾濫原野にいつの頃、司宮神が定住したのか定かでない。それにこの神事が通常の修二会、節分会などのように〈鬼〉の出現を見ない、豆をもって追わない、など仏教行事と異なるなど不明なことが多い。いかにも古形を残存するこの神事の生立ちの謎はまだ閉ざされたままである。

（『季刊どるめん　17号』（ＪＩＣＣ出版局、１９７８年）より）

解説

井戸尻考古館元館長　小林公明

ひとりの画家のライフワークである。画業のかたわら、独学で追い続けた始原の思想を『神殺し・縄文』と題して世に問うたのは、四十三年前だった。本書のテーマは「はじめに」に記されるように「そのあたかも断ち切れてしまったかのように認識されてきた縄文文化と朦朧の神話世界との脈絡を結索して、原日本と現日本との血流を証明する」ことにある。

少年のころ、土中から掘り出した一片の縄文土器片に魅入られ、「造形」という不思議な感覚をゆさぶられた著者は画家の道に入ったという。いっぽうそのときから、縄文土器や土偶の文様の解明という暗中模索がはじまったともいう。そしてようやく四十代半ばになって、ひとつの扉に逢着する。「縄文が謎なら、日本神話の世界もまた混沌である。だが何故そこに去来する神々の姿と縄文土器・土偶のそれとを、今まで比較対照する作業を誰もしなかったのだろうか。考えてみれば当然すぎるほど当然のことなのに」と、「はじめに」で述べる視点である。

叙述は、平安時代から中世の説話と記紀や風土記の神話伝承を経糸に、中・近世および現代に伝えられる芸能、神事や祭りを緯糸として多岐に重層し、時に縺れ合う。まず冒頭で登場するのは、八ヶ岳山麓の井戸尻考古館で見た頭頂に蛇がとぐろを巻いた土偶。ついで諏訪明神とされる甲賀三郎が蛇性であったと伝えられること。糸口は、蛇である。

そうして似かよった説話や伝承をたぐってゆくと、蛇・雷・女・山・火が一体となった神話伝承群の存在が明らかとなる。それらに附随する要素として雷雲、丹塗矢、剱、箸、櫛、梭などがある。方々を巡り終えて、「結論的に言えば日本列島の神々はすべて雷と蛇の性を持つ暴ぶる神と、それに凌辱される地母神以外にないのである」と述べる（七の章　神体考）。要所に配されたエロチックな挿し絵によって、これらの記述が感覚的に理解される。

そのように神話世界を探索したのち、目指す縄文土器と土偶の文様解読にいどむ。「私の一番苦手とする順序だてた学問的説得に頼らなければならない」と断っているとおり、縄文土器の概説にかなり紙幅を割くあたりは、これまでの躍動感が失せて平板におもわれよう。昭和に入ってからずっと、縄文土器といえば型式編年学が専らであった当時の状況からすれば、こうした手続きもやむを得なかったと察せられる。

著者は土器の前面、側面、裏面を展開して一枚の絵のように文様を見ることを思いつく。そして三つの主要な施文をとり出す。一つは土器上部の渦巻文であり、それを雷雲とみる。二つは垂れ下がるギザギザ文であり、稲妻とみる。三つは地文《じもん》としての細線文や縄目文であり、激しい降雨の表現とみる。すなわち天の破壊力、地の生産力を器面にとり込んだものと解釈する。

つぎに土偶。頭部にとぐろを巻く土偶のほか、頭頂に渦巻文の描かれたものが多い。そのさまは、黄泉国のイザナミのイメージに重なる。胸から腹の垂直線（いわゆる正中線）は雷であり、男根の象徴である。また、頸飾りのような施文に蛇神をみる。そして壊された土偶とその埋納例のいくつかに言及し、土偶を壊すことは女神を殺すことだと結ぶ。

こんにち改めて読み返してみて、水谷勇夫という人の着想の斬新さにおどろく。この仕事がいかに先駆的だったか、『神殺し・縄文』（伝統と現代社・一九七四）が出版された当時を振り返ってみよう。左記は本書と並行するテーマの論考である。

谷川健一「聖なる動物」一九六九『魔の系譜』（紀伊國屋書店・一九七一）所収
藤森栄一「縄文の民話」一九七〇『縄文の八ヶ岳』（学生社・一九七三）所収
斎藤文子「縄文時代における蛇の信仰」（考古学ジャーナル92、93・一九七四）
ネリー・ナウマン　渡辺健訳「縄文時代の若干の宗教的観念について」（民族学研究39・4・一九七五）、『哭きいさちる神＝スサノオ』（言叢社・一九八九）所収
武藤雄六「中期縄文土器の文様解読」（山麓考古2〜6、10・一九七五〜一九七八）
同　「縄文時代中期農耕文化私論」（山麓考古9・一九七八）
古部族研究会編『古代諏訪とミシャグジ祭政体の研究』（永井出版企画・一九七五）
原田大六『雷雲の神話』（三一書房・一九七八）
古部族研究会編『諏訪信仰の発生と展開』（永井出版企画・一九七八）
吉野裕子『蛇』（法政大学出版局・一九七九）
阿部真司『蛇神伝承論序説』（伝統と現代社・一九八一）

いちいち内容を紹介する余裕はないが、それぞれ個別に異なった視点、関心からなされたものである。が、およそ一九七〇年代の一〇年間に集中しているのは、単なる

偶然とおもえない。さながら「ヲロチ紀」とでも称すべき時代だったといえよう。
　これらのうち八〇年代以降の動向を大きく触発したのは、まず、ネリー・ナウマンの図像解釈論である。その方法は、土器図像と神話の間に橋を架けるというものだった。ナウマンは『哭きいさちる神＝スサノオ』の日本語版の序につぎのように記す。

　いくつかの非常に古代的でこれまで理解されないか、誤って理解されていた神話のモチーフが、縄文図像のモチーフと何の困難もなく結びつき、そうすることでその本来の意味が認識できることがわかったのである。さらに、神話のモチーフと縄文図像のモチーフとの一致は、このモチーフの成立時期を神話についてもほぼ特定する可能性を示している。

これは、まさに水谷勇夫が「はじめに」で述べる観点と見事に符合するではないか。ナウマンの論考を下敷きとして、今日に至る土器図像論が展開されてきた。そのなかで本書と並行関係をもつものに、田中基「メドゥーサ型ランプと世界変換」（山麓考古15・一九八二、『縄文のメドゥーサ』所収　現代書館・二〇〇六）があり、小林公明「新石器時代中期の民俗と文化」（『富士見町史　上巻』所収　富士見町・一九九一）ほかがある。

それは、火器である香炉形土器の造形に火神を生んだイザナミや火のカグツチを見出す。また人面付き深鉢に食物神のオオゲツヒメやウケモチの神、あるいは種子の神霊ワクムスヒを見出す。

いっぽう、国生み神話の注釈論で瞠目すべきは原田大六『雷雲の神話』である。徹底して、火神の誕生は火山活動であると解釈する。火山であればこそ、殺された火神の骸には山の神が化生する。雷電も噴火にともなう。火のカグツチとは溶岩流をいう。等々。

カグツチ、イカヅチ、ノヅチ、ミヅチなどはみな、光り輝く蛇形の怪である。ノヅチは別の名を草野姫《かやのひめ》という。それは、八ヶ岳の裾野などに棲息する赤蝮ではないかと考えられる。また、日本三代実録に載る鳥海山の噴火では溶岩流が大蛇、小蛇と記される（益田勝実『火山列島の思想』筑摩書房・一九六八）。

ここに至って山の神の正体が雷であり、蛇であることが了解される。ひろく三輪山伝説として括られる神話群や、後世におけるヴァリエーションである。それらもみな元をたどれば、火神の誕生とイザナミの変貌に行きつく。国生み神話でもこの段は、格別に生彩を放つ。きわめて劇的で人間臭い。見てはならぬ禁を破ること、相手の恨み、もたらされる死も、みなそこに由来する。

こうしてみると、著者がつかんだ神話伝承群は、こんにち、より鮮明に像を結ぶだろう。

では、本書の基調をなす蛇、その土器図像はどうか。当時に較べ、蛇の図像はあまた知られる。様態はおよそ三通り。ひとつは器面にとぐろを巻く蛇。ひとつは環状の円文を巻いて垂れ下がる蛇。どちらも三日月の表徴と考えられ、太陰的な世界に属す。ここで詳述できないけれど。

残るひとつは、口縁に人面の造形をいただく人面付き土器の、その人面の頭上に表される蛇である。土器全体からすれば人面は母神であるが、人面そのものはいま生誕する赤子であり、稚児でもある。その稚児は神話のワクムスヒに相当する。ところがこのワクムスヒと火のカグツチ（ホムスヒ）に相当する香炉形土器の人面とは相似形の神であることが知られているから、その頭上に表される蛇は火神の表徴ともみなしうる。頭に蛇をいただく土偶も同類である。別にまた、ノヅチのような怪蛇が造形された香炉形土器がある。こちらは文句なしに火神の姿といえる。

これら造形のあるものは当時すでに知られていたが、件の土偶のほか著者が積極的にとりあげることはなかった。それよりは、雷雲と稲妻と降雨であった。

いまにしてみれば、著者の文様解読は直感の範囲にとどまって、その文様が何を表すかという論証の手続きを欠くことは否めない。武藤雄六の「中期縄文土器の文様解読」も同じである。土器文様の解釈は、いわば草創期にあった。

土偶のほうはどうか。藤森栄一は、毀《こぼ》たれる土偶にオオゲツヒメやウケモチの神の面影を見出した。が、五体を寸断されるという点においては火のカグツチの方がより相応しい。

さらに、井戸尻文化（およそ五千年前、中部高地から西南関東に展開していた新石器文化）の初期の土偶はことごとく妊婦像であり、それはイザナミに相当する原初の母神と目される。神話においては屍体から何かが化生するという点でイザナミとカグツチの二重性は明らかであるから、土偶のこうした在り方に矛盾はない。

本書の敷衍といっては僭越だけれど、ここまでこんにちの造形図像論の一端を記してみた。これらを要するに、「火山神話」もしくは「火山的世界観」と呼んでいる。刊行当時、おもしろいと思っても若造には理解できなかったが、いま解説するならば、そういうことではないだろうか。

土器図像の解釈において、ネリー・ナウマンは月神話を復活させた。水谷勇夫は火山神話を探り当てた。先人が開いた未踏の地平は、果てしもなく広がっている。

ひるがえって、そうした神話的思考は旧石器時代、おそらく現生人類の誕生時に淵源するとおもわれる。言い換えれば、それは、十の章「とびはねる論理」に至って著者がとらわれた疑問、未生の神であろう。「鋭い切先き」が突き刺さるような表題、「神殺し・縄文」はそのへんを象徴しているようだ。

著者／水谷勇夫　1922年名古屋市生まれ。独学で絵を学ぶ。戦地での不条理な体験を機に人間をテーマとした制作を決意。58年、村松画廊で初の個展。以後、読売アンデパンダン展、毎日新聞社主催の現代日本美術展、その他企画展へ多数出品。66年「これが日本画だ！」展への出品により日本画にとどまらない現代絵画の作者として知られる。60年から舞台美術を手がけ、土方巽や大野一雄といった舞踊家と親交を結ぶ。65年、岐阜アンデパンダン・アート・フェスティバルでテラコッタ作品を発表。70年代にはコンビナートや海岸などに作品を置く行動芸術「玄海遍路」を行う。80年代、真冬の山中で紙に流した胡粉と墨を自然の冷気で凍結させる“凍結絵画”を制作。1993年、名古屋市芸術賞特賞を受賞。翌年『水谷勇夫作品集』を刊行した。2005年没。

人間社文庫 ‖ 日本の古層⑤

神殺し・縄文

2018年6月21日　初版1刷発行
2024年8月 6日　　3刷発行

著　者　水谷勇夫
制　作　図書出版 樹林舎
〒468-0052　名古屋市天白区井口1-1504-102
TEL：052-801-3144　FAX: 052-801-3148
発行人　大幡正義
発行所　株式会社人間社
〒464-0850　名古屋市千種区今池1-6-13　今池スタービル2F
TEL：052-731-2121　FAX: 052-731-2122
振替：00820-4-15545　e-mail：mhh02073@nifty.ne.jp

印刷製本　株式会社シナノパブリッシングプレス

＊定価はカバーに表示してあります。
＊乱丁・落丁本はお取り替えいたします。

ISBN978-4-908627-18-7 C0139